Horváth | Geschichten aus dem Wiener Wald

Lektüreschlüssel XL

für Schülerinnen und Schüler

Dieses Buch wurde klimaneutral gedruckt.

Alle CO_2-Emissionen, die beim Druckprozess unvermeidbar entstanden sind, haben wir durch ein Klimaschutzprojekt ausgeglichen.

Nähere Informationen finden Sie hier:

Klimaneutral
Druckprodukt
ClimatePartner.com/14058-1912-1001

Ödön von Horváth

Geschichten aus dem Wiener Wald

Von Sascha Feuchert

Reclam

Dieser Lektüreschlüssel bezieht sich auf folgende Textausgabe:
Ödön von Horváth: *Geschichten aus dem Wiener Wald.* Hrsg. von Holger Bäuerle. Stuttgart: Reclam, 2019. (Reclam XL. Text und Kontext, Nr. 19436.)
Diese Ausgabe des Werktextes ist seiten- und zeilengleich mit der in Reclams Universal-Bibliothek Nr. 18613.

E-Book-Ausgaben finden Sie auf unserer Website
unter www.reclam.de/e-book

Lektüreschlüssel XL | Nr. 15509
2019 Philipp Reclam jun. Verlag GmbH,
Siemensstraße 32, 71254 Ditzingen
Druck und Bindung: Eberl & Koesel GmbH & Co. KG,
Am Buchweg 1, 87452 Altusried-Krugzell
Printed in Germany 2021

ISBN 978-3-15-015509-7

Auch als E-Book erhältlich

www.reclam.de

Inhalt

1. Schnelleinstieg

Autor	Ödön von Horváth (1901–1938), auf Deutsch schreibender Schriftsteller österreichisch-ungarischer Herkunft
Erscheinungsjahr	1931; im selben Jahr auch Uraufführung in Berlin
Gattung	Drama (»Volksstück«)
Ort der Handlung	Wien, »Wiener Wald« und in der Wachau (Landschaft im und um das Tal der Donau, ca. 80 Kilometer von Wien entfernt)
Zeit der Handlung	Ende der 1920er, Anfang der 1930er Jahre (»spielt in unseren Tagen«, S. 6)

Auf den ersten Blick mag erstaunen, dass Ödön von Horváths wohl bekanntestes Drama noch immer ein Dauerbrenner auf deutschsprachigen Bühnen ist, behandelt das Stück doch Themen, die erst einmal nur von historischem Interesse zu sein scheinen: Im Mittelpunkt stehen schließlich spießige und gleich in mehrfacher Hinsicht ›dumme‹ Kleinbürger, die offensichtlich mit zeittypischen Problemen der ausgehenden 1920er, beginnenden 1930er Jahre zu kämpfen haben. Horváth hatte mit den Vorarbeiten zu den *Geschichten aus dem Wiener Wald* 1928/29 begonnen und den Text erst 1931 abgeschlossen. Genau in dieser Zeit bewegen sich nun seine Figuren, aktueller hätte der Autor also damals kaum sein können. Und doch muss es einen Grund geben, warum auch heute noch

■ Aktualität

Alfred, Marianne, der Zauberkönig und Co. in deutschen, österreichischen und schweizerischen Theatern (und Schulen) zu Gast sind. Dieser Lektüreschlüssel will zeigen, dass Horváths angestrebte »Demaskierung des Bewusstseins«[1] nicht nur im historischen Kontext funktionierte, sondern auch in unserer heutigen Zeit angewandt werden kann: Heuchelei und Verlogenheit einer sich bürgerlich gebenden Gesellschaft sind uns noch immer alles andere als fremd. Auch jene Menschen, die sich Wort- und Satzhülsen bedienen, um sich als moralisch oder empfindsam auszuweisen, dann aber aggressiv und brutal handeln, erkennen wir sofort wieder.

■ »Demaskierung des Bewusstseins«

Horváths Drama wurde nach seiner Uraufführung am Deutschen Theater Berlin am 2. November 1931 von vielen Kritikern stürmisch gefeiert (»Ein Reichtum«, Alfred Kerr[2]), von konservativen und rechtsextremen Rezensenten aber auch massiv angefeindet

■ Heftige Reaktionen

1 Ödön von Horváth, *Gebrauchsanweisung*, in: Ö. v. H., *Gesammelte Werke*, hrsg. von Traugott Krischke [u. a.], Bd. 11: *Sportmärchen, andere Prosa und Verse*, Frankfurt a. M. 1988 [1932], S. 216. Online abrufbar ist eine *Version* der *Gebrauchsanweisung* im »Projekt Gutenberg« bei *Spiegel Online*: https://gutenberg.spiegel.de/buch/exposs-und-theoretisches-2883/8. (Stand aller im Lektüreschlüssel angegebenen Internetquellen: 22. 7. 2019.)

2 Alfred Kerr, *»Geschichten aus dem Wiener Wald«*, in: *Berliner Tageblatt*, 3. 11. 1931. Zit. nach: Christine Schmidjell, *Erläuterungen und Dokumente. Ödön von Horváth. »Geschichten aus dem Wiener Wald«*, durchges., erw. und bibliogr. aktual. Ausg., Stuttgart 2009, S. 94.

(»Unflat ersten Ranges«, Rainer Schlösser[3]). Nach der Machtübernahme durch die Nationalsozialisten 1933 wurden alle Stücke Horváths an deutschen Bühnen abgesetzt und verboten. Der Autor wurde 1936 aus Deutschland verwiesen und übersiedelte nach Wien, von wo aus er nach dem »Anschluss« Österreichs an das Dritte Reich im März 1938 ins Exil ging. Er starb am 1. Juni 1938 in Paris.[4]

Ein Grund für die heftigen zeitgenössischen Reaktionen auf die *Geschichten aus dem Wiener Wald* lag auch in der Konstruktion des Stückes: Horváth wählte als Untertitel die Bezeichnung »Volksstück«, die eigentlich auf ein unterhaltsames, an ein breites Publikum gerichtetes Drama schließen ließ, mit viel Musik, Tanzeinlagen und einiges an Bühneneffekten. Doch diese Erwartung unterlief der junge Autor: Zwar gab es jede Menge populäre Musik und auch der Titel des Stückes war einem Walzer von Johann Strauß entlehnt – doch wollte Horváth gerade die durch bekannte Volksstücke (mit-)errichtete Fassade aus Gemütlichkeit und Familiensinn der kleinbürgerlichen (Wiener) Welt einreißen. Er führte vor, dass

■ (K)ein »Volksstück«

■ Fassaden einreißen

3 Rainer Schlösser, in: *Völkischer Beobachter*, 19. 11. 1931. Zit. nach: Schmidjell (s. Anm. 2), S. 98.

4 Vgl. für eine lesenswerte Kurzbiographie Horváths und eine interessante Interpretation des Dramas: Peter Wapnewski, »Ödön von Horváth und seine *Geschichten aus dem Wiener Wald*«, in: *Materialien zu Ödön von Horváths »Geschichten aus dem Wiener Wald«*, hrsg. von Traugott Krischke, Frankfurt a. M. 1972, S. 10–43, hier S. 13.

hinter den gut klingenden Phrasen und fröhlichen Liedern Bösartigkeit und Aggression lauern.

Trotzdem erscheint die Handlung erst einmal typisch für ein konventionelles Volksstück: Marianne, Tochter eines Spielwarenhändlers, der sich Zauberkönig nennt, soll den Fleischhauer Oskar ehelichen, der eine ›gute Partie‹ für sie wäre. Doch kurz vor der Hochzeit brennt Marianne mit dem Hallodri Alfred durch, mit dem sie auch schnell ein Kind bekommt. Alfred erweist sich allerdings nicht als der Mann ihrer Träume, und Marianne kehrt am Ende des Stückes zu Oskar zurück. Allerdings – und da unterscheidet sich Horváths Volksstück gewaltig von seinen traditionellen Vorgängern – ist in der Zwischenzeit Schlimmes passiert: das Kind ist umgebracht worden, Oskar hat sich als gewalttätiger Mensch erwiesen und auch die anderen Figuren sind als egoistisch und brutal entlarvt worden. Marianne steht nicht vor einem Happy End, sondern sie ist völlig zerstört und hat alles verloren. Der zum Schluss einsetzende Walzer von Johann Strauß ist deshalb nur noch bitterböse Ironie.

2. Inhaltsangabe

Das Drama besteht aus drei Teilen mit insgesamt 15 Bildern (Szenen), die ungleichmäßig verteilt sind (4–7–4). Die ersten beiden Bilder können als Exposition (Einführung des Zuschauers/Lesers in das Stück) betrachtet werden.

Erster Teil

I – Draußen in der Wachau. Gleich in der ersten Szene werden wichtige Figuren vorgestellt und auch schon grundlegend charakterisiert: Alfred, ein junger Tunichtgut, der eine Stellung bei der Bank verlassen hat, um mit Sportwetten sein Geld (betrügerisch) zu verdienen, ist bei seiner Mutter und Großmutter zu Gast. Obwohl seine Mutter glaubt, er sei gekommen, um sie zu besuchen, wird schnell klar, dass Alfred sich nur einmal satt essen will. Auch hat er für den Aufenthalt in der Heimat wenig Zeit: Er wird bald von seinem Freund, dem Hierlinger Ferdinand, und seiner Freundin Valerie abgeholt und möchte rasch wieder im »Kabriolett« (S. 7) nach Wien zurück. Doch seine Mutter überredet den Hierlinger Ferdinand, sich noch die Burgruine anzusehen, unterhalb derer sie und die Großmutter leben und die sie »verwalten« (S. 10). Währenddessen bleiben Alfred und Valerie zurück und es wird klar, dass Alfred die »ältere Dame« (S. 9), wie er Valerie seiner Mutter gegenüber nennt, bei seiner letzten Wette – wohl erneut – be-

■ Tunichtgut Alfred

■ Betrug an Valerie und Großmutter

trogen hat. Offenbar hat er das Geld der »Kanzleiobersekretärswitwe« (S. 12) gesetzt und gewonnen, aber ihr nicht die korrekte Gewinnsumme ausgezahlt. Auch scheint Alfred mit Valerie mehr zu verbinden, als er gegenüber seiner Mutter zugegeben hat: Jedenfalls küsst sie plötzlich seine Hand. Alfreds Großmutter hat ihm anscheinend ebenso Geld geliehen: Sie fordert dieses nun (erfolglos) von Alfred zurück, weil sie kurz vor ihrem 80. Geburtstag steht, ihren nahenden Tod fürchtet, aber »um [ihr] eigenes Geld begraben werden« (S. 13) möchte. Zwischen ihr und Alfred kommt es davor noch zu einer ungewöhnlichen Szene: Als die Großmutter bemerkt, dass ihr Enkel von ihrer sauren Milch gegessen (»gestohlen«, S. 9) hat und sich darüber beschwert, streckt Alfred ihr die Zunge heraus und ruft »Bäääh«, was sie mit der gleichen Geste und dem gleichen Ausruf quittiert.

■ Gediegene Gegend

II – Stille Straße im achten Bezirk. Die Szene wechselt in eine – auf den ersten Blick – beschauliche Straße in der Josefstadt, dem achten Wiener Stadtbezirk. Hier liegen eine Metzgerei, ein Puppenladen und ein Tabakladen, der auch Zeitungen, Zeitschriften und Ansichtspostkarten verkauft, friedlich nebeneinander. Über dem Puppen- und Spielwarenladen befindet sich die Wohnung des Besitzers, der sich nach dem Namen seines Ladens »Zauberkönig« nennt. Doch neben den Schaufensterauslagen der Geschäfte – Schweinsköpfe und Rinderhälften hier,

Totenköpfe und ein Skelett da – macht auch der erste Dialog deutlich, dass es in Wirklichkeit hinter den Fassaden rau und brutal zugeht: Oskar, der Fleischermeister, spricht mit seinem Gehilfen Havlitschek über ein elfjähriges Mädchen, das gerade in der Metzgerei eingekauft und sich dabei negativ über die Blutwurst des Metzgergesellen geäußert hat. Havlitschek entwickelt deshalb eine Gewaltphantasie: »[A]m liebsten tät ich so was abstechen« (S. 14). Oskar reagiert darauf mit einem Lächeln. – Im anschließenden Gespräch zwischen dem Metzger und dem vorbeikommenden Rittmeister wird klar, dass Oskars Mutter vor genau einem Jahr verstorben ist und es an diesem Tag einen Gedenkgottesdienst für sie geben wird. Während der Fleischer die Szene vorübergehend verlässt, um sich für diesen Anlass umzuziehen, trifft der Rittmeister auf Valerie, der der kleine Tabakladen gehört. Zwischen den beiden entspinnt sich ein kurzes Gespräch über Glück und Liebe. Schließlich werden Marianne und ihr Vater, der Zauberkönig, eingeführt; Letzterer bereitet sich ebenso auf die Trauerfeier vor. Der Zuschauer/Leser erfährt außerdem, dass Marianne und der Fleischer Oskar heiraten wollen – und bekommt gleich einen Einblick in die Beziehung der beiden: Als sie sich küssen, beißt Oskar Marianne und tut ihr weh. Der Schluss des zweiten Bildes hält noch eine weitere wichtige Begegnung bereit: Während Alfred auf dem Weg zu Valerie ist, erblickt er Marianne im Schaufenster des Puppengeschäfts. Alfred ist sofort interessiert, wäh-

■ Rau und brutal

■ Geplante Hochzeit Oskar – Marianne

■ Erste Begegnung Alfred – Marianne

Abb. 1: Vorbild für die Stille Straße, die Puppenklinik und den Balkon des Zauberkönigs ist die »Lange Gasse« im 8. Wiener Bezirk. – Wikipedia / Gert Anstein

rend Marianne wenigstens »fast fasziniert« (S. 21) ist, wie es im Nebentext heißt. Valerie, die alles beobachtet hat, trennt sich daraufhin von Alfred und ruft ihm leise Schimpfwörter hinterher: »Luder. Mistvieh. Zuhälter. Bestie« (S. 23).

Picknick

III – Am nächsten Sonntag im Wiener Wald. Die umfangreiche Szene spielt auf einer Lichtung des Wienerwaldes am Ufer der Donau, wohin die Familien von Marianne und Oskar sowie einige ihrer Bekannten einen Ausflug unternehmen. Oskar macht zu Beginn Fotos von allen, bevor sich die Gesellschaft in verschiedene Gruppen auflöst: Valerie streitet sich erneut mit Alfred, der trotz der Trennung der beiden zu diesem kleinen Fest gekommen ist, und wendet sich dann dem deutschen Studenten Erich zu, einem entfernten Verwandten des Zauberkönigs. Ziemlich unverhohlen gibt sie ihr (sexuelles) Interesse an dem jungen Mann zu verstehen, der sich im weiteren Verlauf als strammer Nationalsozialist entpuppt. Doch auch Valerie scheint antisemitisch eingestellt zu sein: »Ja glaubens denn, dass ich die Juden mag?« (S. 29) Zur gleichen Zeit nähern sich Alfred und Marianne an, wobei Marianne gesteht, dass sie Oskar nicht liebt und eigentlich gerne selbst berufstätig wäre. Trotzdem verkündet der Zauberkönig die Verlobung der beiden, die für ihn offenbar vor allem aus finanziellen Gründen wichtig ist. Gleich zweimal verrät sich auch Oskar und zeigt, wie er tatsächlich zu Marianne steht: Als er bemerkt, dass ihn Alfred um Marianne beneidet, bezeichnet er diesen als »geschmacklose[n] Mensch[en]« (S. 30) – wohl kaum ein Kompliment für Marianne. Und nur wenig später offenbart er wieder seine Brutalität, als er an seiner Verlobten Jiu-Jitsu-Griffe demonstriert und ihr erneut wehtut. Am Ende der Szene gehen die Gäste in der Donau baden – zuvor aber zeigt der Zauberkönig noch sein sexuelles Interesse an Valerie, die diesem genauso wenig abgeneigt zu sein scheint wie Erich gegenüber, dem sie sogar ein Zimmer zur Untermiete anbietet.

- Offizielle Verlobung Oskar – Marianne
- Brutaler Oskar
- Valerie flirtet mit Zauberkönig und Erich

Marianne kommt mit Alfred zusammen

Trennung von Oskar

Der Zauberkönig bricht mit Marianne

IV – An der schönen blauen Donau. Als Marianne das Wasser verlässt, wartet Alfred bereits auf sie und beide fallen nach einem kurzen Vorgeplänkel einander in die Arme und küssen sich innig. Marianne meint, in Alfred ihren »Schutzengel« (S. 39) getroffen zu haben, der sie vor der Ehe mit Oskar rettet. Alfreds indirekt ausgesprochenen Warnungen vor einer Beziehung mit ihm – er spricht von ›vernünftiger Liebe‹ und teilt ihr mit, dass er kein Geld habe (vgl. S. 38) – ignoriert sie. Gleichwohl scheint auch Marianne unbewusst zu bemerken, dass diese neue Liebe etwas Zerstörerisches an sich hat: »[W]ie der Blitz hast du in mich eingeschlagen und hast mich gespalten« (S. 38). Ihr Vater, der zu den beiden tritt und offenbar alles mit angehört hat, versucht noch auf Marianne einzuwirken, doch sie löst kurz darauf die Verlobung mit Oskar und schleudert ihm ihren Ring ins Gesicht. Dieser akzeptiert die Trennung scheinbar großherzig, allerdings schwingt in seiner Bemerkung »ich werde dich auch noch weiter lieben, du entgehst mir nicht« (S. 40) deutlich vernehmbar eine Drohung mit. Der Zauberkönig sagt sich schließlich von seiner Tochter los und Marianne beendet den ersten Teil des Dramas mit dem Wunsch, von Alfred ein Kind zu bekommen.

Zweiter Teil

I – Stille Straße im achten Bezirk. Die kurze Szene dient vor allem dazu, Oskar und seinen Gehilfen Havlitschek weiter zu demaskieren: Zunächst ›flirtet‹ Havlitschek mit einer Kundin, dem Fräulein Emma, der er seine sexuellen Absichten nur wenig verschlüsselt zu verstehen gibt. Mit ihr redet er auch über den unglücklichen Oskar, der sich ein Jahr nach der Trennung emotional noch immer nicht von Marianne lösen kann. Nachdem sich Havlitschek mit Emma für den Nachmittag verabredet hat, macht er seine Verachtung für die Frau nur allzu deutlich, indem er ihr »[d]ummes Luder, dummes –« (S. 43) hinterhermurmelt. Seinen Chef Oskar versucht er anschließend damit zu trösten, dass es »Weiber […] wie Mist« gebe, außerdem hätten die »Weiber […] keine Seele, das ist nur äußerliches Fleisch! Und man soll so ein Weib auch nicht schonend behandeln, das ist ein Versäumnis, sondern man soll ihr nur gleich das Maul zerreißen oder so!« (S. 44). Oskar geht auf diese frauenverachtenden Bemerkungen nicht direkt ein und ergeht sich stattdessen in allgemeinen Reden über die Rätselhaftigkeit der Frauen und speziell Mariannes. Er wirkt dadurch weniger brutal als Havlitschek, doch das täuscht: Nur kurz zuvor hat er nebenbei zu verstehen gegeben, dass ihm normalerweise das Abstechen einer Sau »Spaß« (S. 43) bereite. Dass Havlitschek daraufhin auch Marianne eine »Sau« (S. 44) nennt, zeigt deutlich, wie die beiden Fleischer gestrickt sind.

Demaskierung von Oskar und Havlitschek

Gewaltphantasien gegen Frauen

Alfred und Mariannes Beziehung

Desillusionierung nach einem Jahr

Alfred will gemeinsames Kind loswerden

II – Möbliertes Zimmer im achtzehnten Bezirk. Marianne und Alfred leben derweil in schäbigen Verhältnissen und scheinen sich schon nach einem Jahr auseinandergelebt zu haben, obwohl (oder gerade weil) Mariannes Wunsch nach einem Kind bereits in Erfüllung gegangen ist. Ganz offensichtlich kann Alfred seiner Partnerin nichts mehr abgewinnen: Sie meint zu hören, wie er sie leise »dummes Kalb« (S. 47) nennt und verbittet sich, dass er sie immerzu beschimpft. Das aber nimmt Alfred zum Anlass, sich darüber zu beklagen, dass Marianne so »penetrant dumm« sei, obgleich sie es »doch schon gar nicht nötig« (S. 47) habe. Alfred möchte das gemeinsame Kind gerne zu seiner Mutter weggeben – vordergründig, weil es ihm in der Wachau besser gehen würde als in »diesem feuchten Loch« (S. 46); doch ist klar ersichtlich, dass das Kind Alfred einfach stört. Nicht zuletzt seine berufliche Erfolglosigkeit macht Alfred so aggressiv: Seine betrügerischen Wettgeschäfte musste er aufgeben und er versucht sich nun als Verkäufer von Hautcreme – ein Produkt, das in der Wirtschaftskrise nicht gerade ein Renner ist.

Alfred und Hierlinger reden Klartext

III – Kleines Café im zweiten Bezirk. Im Gespräch mit seinem Freund, dem Hierlinger Ferdinand, macht Alfred zum einen deutlich, dass seine Leidenschaft für Marianne endgültig erloschen und allenfalls noch Mitleid für sie vorhanden ist; zum anderen berichtet er, dass er alles unternommen habe, um zu verhindern, dass ein gemeinsames Kind geboren werde. Sogar zu einem Abtreibungsversuch konnte er Marianne überreden, der aber letztlich scheiterte. Nachdem Marianne in dem Café erschienen ist und Alfred und der Hierlinger Ferdinand sich aus der Ferne respektlos über ihr Aussehen geäußert haben, bittet Alfred seinen Freund, ihm zu helfen, »möglichst schmerzlos für alle Teile aus dieser unglückseligen Beziehung« (S. 50) herauszukommen. Der Hierlinger Ferdinand hat auch gleich eine Idee: Marianne solle berufstätig werden, denn eine »Geliebte mit Beruf unterhöhlt auf die Dauer bekanntlich jede Liebesverbindung, sogar die Ehe!« (S. 51). Nach Alfreds Hinweis, Marianne habe nur Interesse an rhythmischer Gymnastik, schlägt Ferdinand vor, Kontakt zu einer »Baronin mit internationalen Verbindungen« aufzunehmen, die »so Ballette zusammen[stellt] für elegante Etablissements« (S. 51). Nicht nur Alfred dürfte sofort die Natur dieser »Ballette« und der erwähnten »Etablissements« klar sein.

■ Abtreibung misslungen

■ Alfred will Marianne loswerden

■ Marianne soll Tänzerin werden

IV – Bei der Baronin mit den internationalen Verbindungen. Marianne wird von Hierlinger zur Baronin begleitet, bei der sie sich vorstellen soll. Dort trifft sie zunächst auf deren blinde Schwester Helene, die ihr aus der Hand liest und prophezeit, sie werde noch viel Freude mit ihrem Sohn haben. Die Baronin will Marianne überreden, nicht nur zu tanzen, sondern auch zu singen. Widerstrebend trägt Marianne als Kostprobe »Das Lied von der Wachau« vor.

■ Marianne stellt sich als Tänzerin vor

Kind lebt in der Wachau

Großmutter intrigiert gegen Marianne

V – Draußen in der Wachau. Das so idyllische Lied aus der letzten Szene leitet über zum Häuschen von Alfreds Mutter und Großmutter. Das Kind, der kleine Leopold (er trägt denselben Vornamen wie Mariannes Vater, der Zauberkönig), lebt mittlerweile bei ihnen. Die Großmutter redet auf Alfred ein, dass er Marianne verlassen solle, dann werde sie ihm auch wieder Geld leihen. Sie schlägt ihm vor, er möge nach Frankreich gehen – einerseits weil es dort wirtschaftlich »noch am besten« (S. 59) laufe, andererseits natürlich, damit Alfred von Marianne, die die Großmutter als »Bettelweib« und »schlamperte[] Weibsperson« (S. 58) bezeichnet, wegkommt. Auch der Umgangston zwischen Enkel und Großmutter ist nicht gerade liebenswürdig: Sie nennt ihn »Schuft […], Haderlump, Verbrecher«, während er sie als »alte Hex« (S. 57) beschimpft.

Erich als Antisemit

Trennung Alfred – Marianne

VI – Und wieder in der stillen Straße im achten Bezirk. In der längsten Szene des zweiten Teils geraten erst der Rittmeister und Valeries Liebhaber Erich aneinander, wobei sich Letzterer abermals antisemitisch äußert, ehe auch Alfred und Valerie ein Wortgefecht austragen. Alfred ist auf dem Weg nach Frankreich, will Valerie aber noch wissen lassen, dass er sich von Marianne trennt – was Valerie zunächst unbeeindruckt lässt. Allerdings berichtet sie gleich darauf Oskar, der nach Alfreds Abgang zu ihr tritt, dass Marianne »wieder frei ist« (S. 64). Der Fleischer kann sich offenbar eine erneute Beziehung vorstellen, »[w]enn sie das Kind nicht hätt« – deshalb fantasiert er davon, dass der Kleine »vielleicht stirbt« (S. 64). Nach diesen Gedankenspielen hat er offenbar auch wieder Freude daran, eine Sau »selber ab[zu]stechen« (S. 65).

■ Oskars Tötungslust

VII – Im Stephansdom. Die verzweifelte Marianne sitzt im Beichtstuhl und sucht nach geistlichem Beistand. Der Priester aber weist ihr nur Schuld zu und verlangt, dass sie ihre ›wilde Ehe‹ mit Alfred und den Versuch, ihr Kind abzutreiben, bereue. Das vermag Marianne noch zu leisten, doch als der Beichtvater auch ihr Bedauern darüber hören will, das »Kind im Zustand der Todsünde empfangen und geboren« (S. 66) zu haben, begehrt sie auf: »Nein, ich bin sogar glücklich, dass ich es hab, sehr glücklich –« (S. 67). Der Priester schickt sie daraufhin (ohne Absolution) weg; sie solle erst wiederkommen, wenn sie mit sich im Reinen sei. Das lässt Marianne ratlos zurück und der zweite Teil des Dramas endet mit ihrer hilflosen Frage: »Was hast du mit mir vor, lieber Gott? –« (S. 67).

■ Marianne sucht geistlichen Beistand

■ Zurückweisung

Dritter Teil

I – Beim Heurigen. Die umfangreichste Szene des dritten Teils spielt zunächst an einem typischen Ort für ein Volksstück: in einem Wiener Weinlokal, in dem fröhlich gesungen und musiziert wird. Erneut erklingt »Das Lied von der Wachau«, auch Valerie, Erich und der Zauberkönig singen kräftig mit und sind bereits deutlich angeheitert. Erich macht sich lä-

■ Feuchtfröhlich und enthemmt

cherlich, weil er sich betrunken dauernd selbst »kommandiert«, der Zauberkönig fällt vom Stuhl (S. 69). Der Rittmeister tritt hinzu und stellt Valerie und dem Zauberkönig einen Jugendfreund seines Bruders vor, der aus Wien stammt, aber mittlerweile in Amerika lebt. Dieser »Mister« feiert fast alle Klischees, die es zu seiner alten Heimat gibt, und will mit der Gruppe noch etwas erleben. Der Rittmeister schlägt hinterlistig einen Ortswechsel ins »Maxim« vor, »[w]eil es dort ganz besondere Überraschungen geben wird« (S. 74). Es kommt tatsächlich zu einem peinlichen Wiedersehen mit Marianne, die im »Maxim« als Nackttänzerin arbeitet: Valerie ist außer sich, als sie ihre Nachbarin auf der Bühne entdeckt und schreit hysterisch herum, was der Mister beenden will, indem er ihr vor die Brust schlägt. Auch der Zauberkönig, der eben noch ausgelassen an der Bar mit jungen Frauen zugange war, steht offensichtlich unter Schock. Der Rittmeister macht ihm klar, dass er ihn bewusst in diese Situation geführt habe, weil er sich so hart gegenüber Marianne verhalte. Marianne konfrontiert daraufhin den Zauberkönig damit, dass es ihr und ihrem Sohn sehr schlecht gehe und sie es sich »nicht leisten [kann], dass ich mich schäm« (S. 82). Der Zauberkönig beleidigt sie wüst und verfällt in Selbstmitleid. Nach dessen Abgang macht der Mister, der sich zuvor abseits gehalten hat, um Ansichtskarten zu schreiben, und nur wenig von dem Geschehen versteht, Marianne ein unmoralisches Angebot, weil er sie offenbar für eine Prostituierte hält: Marianne weist ihn ab und

■ Marianne als Nackttänzerin …

stiehlt ihm 100 Schilling, was er bemerkt. Der Mister beschimpft sie als »blöde Hur« (S. 84) und fordert ihre Verhaftung.

■ ...und Diebin

II – Draußen in der Wachau. Die Szene beginnt erneut mit einem Schlagabtausch zwischen der Großmutter und Alfred, der offenbar doch nicht nach Frankreich gegangen ist, sondern 300 Schilling, die ihm seine Großmutter für einen Neustart geliehen hatte, auf der Trabrennbahn durchgebracht hat. Erneut beschimpfen sich beide, strecken sich die Zunge heraus und rufen sich »Bäääh!« (S. 85) zu. Doch es tun sich noch größere Abgründe auf: Nach Alfreds Abgang konfrontiert seine Mutter die Oma damit, dass sie mitbekommen habe, wie die Großmutter den kleinen Leopold nachts absichtlich in den Durchzug gestellt habe. Die Großmutter bestreitet das, doch der Bub scheint bereits Fieber bekommen zu haben.

■ Alfred war nicht in Frankreich

■ Großmutter misshandelt Leopold

III – Und abermals in der stillen Straße im achten Bezirk. Zu Beginn der Szene eröffnet Valerie dem Rittmeister, dass sie vorhabe, Marianne und den Zauberkönig zu versöhnen; der Versuch des Rittmeisters im »Maxim« sei »viel zu direkt« (S. 89) gewesen. Erich kommt hinzu und teilt Valerie nach dem Abgang des Rittmeisters mit, er wolle sich verabschieden. Über seine (Zigaretten-)Schulden bei ihr habe er genau Buch geführt – »Ehrensache!« (S. 90) –, und er scheint auch bereit, sich im Guten von Valerie zu trennen. Doch nachdem sie zurück in die Trafik tritt, nennt er

■ Erichs Verachtung gegenüber Valerie

sie ein »[a]ltes fünfzigjähriges Stück Scheiße« (S. 90). Oskar und Alfred betreten danach die Bühne bzw. die Stille Straße und geben zu erkennen, dass sie sich über Marianne geeinigt haben. Alfred will zukünftig »ab[lassen] von ihr – für ewig« (S. 90). Sie stimmen auch in der Schuldfrage überein: Oskar versichert Alfred sogar, dass er ihm »persönlich eigentlich nie so recht bös« (S. 91) gewesen sei, denn letztlich sei immer die Frau schuld. Dann beginnt das große Versöhnen, das Valerie anzettelt – wenn auch nicht alles auf Anhieb glatt verläuft: Zuerst überzeugt Valerie den Zauberkönig, dass es (auch im Hinblick auf sein Geschäft) besser sei, seiner Tochter zu verzeihen, dann verträgt sie sich selbst mit Alfred und bietet ihm sogar 50 Schilling an, um erneut auf der Rennbahn zu wetten, und schließlich drängt sie Marianne so lange, bis sich diese auf eine ›Versöhnung‹ mit Oskar, Alfred und ihrem Vater einlässt.

Alfred und Oskar: Einigung

›Versöhnung‹

IV – Draußen in der Wachau. Die Szene beginnt mit einer Unterhaltung zwischen Alfreds Mutter und Großmutter, in deren Verlauf klar wird, dass der kleine Leopold, über den die Großmutter nur verächtlich spricht, gestorben ist. Beide wollen diese traurige Nachricht gerade Marianne in einem Brief mitteilen, als diese zusammen mit Alfred, Oskar, Valerie und dem Zauberkönig erscheint. Nachdem Marianne den noch nicht abgesandten Brief gelesen hat, stürzt sie sich in Verzweiflung auf die empathielose Großmutter – sie lässt von ihr ab, als Oskar sie kommentarlos

Das Kind Leopold ist tot

würgt. Nachdem Alfred das Kind oberflächlich betrauert (»Schad!«, S. 102) und Oskar Marianne erneut mitteilt, dass sie seiner Liebe nicht entgehen werde, gerade »jetzt, nachdem sich alles so eingerenkt hat«, gibt sie auf: »Ich kann nicht mehr. Jetzt kann ich nicht mehr« (S. 103). Gestützt von Oskar, der ihr einen Kuss auf den Mund gibt, geht sie ab – »und in der Luft ist ein Klingen und Singen, als spielte ein himmlisches Streichorchester die *Geschichten aus dem Wiener Wald* von Johann Strauß« (S. 103).

Oskar würgt Marianne

Marianne kehrt zerstört zu Oskar zurück

3. Figuren

Um Figuren in einem Drama angemessen analysieren und beschreiben zu können, muss man die verschiedenen Ebenen ihrer Charakterisierung genau betrachten. Vor allem muss man sich immer fragen: Von wem stammt die Information über eine Figur und wie verlässlich ist sie? Der Literaturwissenschaftler Manfred Pfister hat vorgeschlagen, zunächst einmal zwischen figuralen und auktorialen Charakterisierungen zu unterscheiden:

■ Auktoriale vs. figurale Charakterisierung

Figurale Informationen kommen von den Figuren selbst, sie ergeben sich aus dem, was die Figuren sagen, wie sie handeln oder wie sie sich kleiden. Auktoriale Charaktereigenschaften stammen dagegen vom Autor und sind den Figuren nicht zwingend bewusst.[5] Das kann z. B. ein ›sprechender‹ Name sein, der ein wesentliches Attribut der Figur beschreibt, oder auch das, was im sogenannten Nebentext (vor allem in den Regieanweisungen) über die Figur gesagt wird.

■ Explizite vs. implizite Angaben

Manche dieser figuralen und auktorialen Informationen erhält der Leser (und in der Regel auch der Zuschauer) direkt, sie werden also explizit von einer Figur oder dem Autor benannt; andere Informationen

5 Der Begriff ›auktorial‹ leitet sich vom lateinischen *auctor* (›Autor‹, ›Urheber‹) ab und ist ein Adjektiv zu Autor. Es wird nicht selten verwendet, um eine übergeordnete, allwissende Perspektive in literarischen Texten zu beschreiben (vgl. etwa den Begriff des »auktorialen Erzählers« von Franz K. Stanzel).

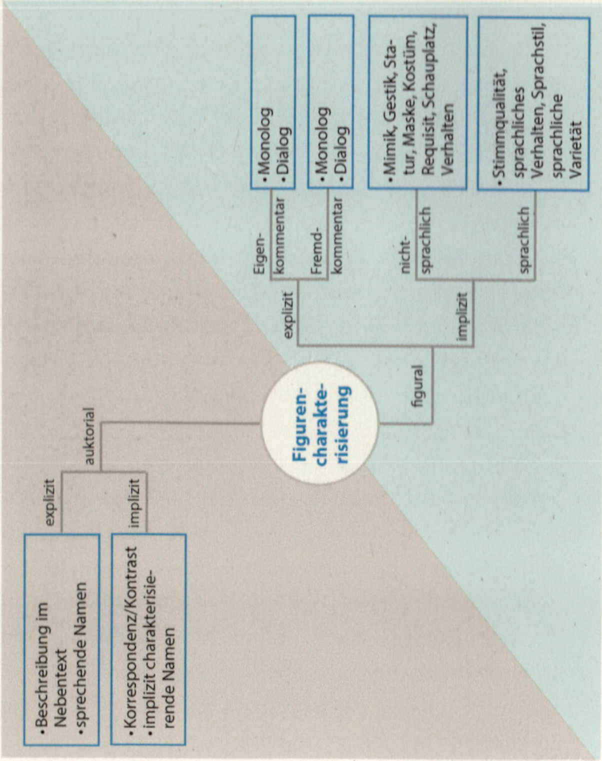

Abb. 2: Auktoriale bzw. figurale Charakterisierungen können explizit oder implizit erfolgen.
Grafik: Gert Egle / www.teachsam.de / CC-BY-SA 4.0, International Lizenz

muss sich der Leser wiederum erschließen, weil sie nur implizit vermittelt werden, beispielsweise durch das Verhalten oder die Sprache einer Figur. Abbildung 2 zeigt anschaulich, wie viele explizite und implizite figurale bzw. auktoriale Informationen bei einer umfassenden Figurencharakterisierung gesammelt und ausgewertet werden können.

Ebenen der Figurencharakterisierung

Inhaltlich kann man die Informationen, die in einem Drama über eine Figur explizit oder implizit auktorial oder figural gegeben werden, in vier Bereiche untergliedern: 1) äußeres Verhalten, 2) äußere Erscheinung, 3) psychische Disposition, 4) soziale Lage.

Entwicklung von Figuren?

Beachten muss man bei einer literarischen Charakterisierung aber immer, dass viele (Haupt-)Figuren nicht statisch dargestellt werden, sondern sie sich im Laufe der Handlung entwickeln. Es ist also nicht nur entscheidend, woher oder von wem eine Information stammt, sondern auch, zu welchem Zeitpunkt des Stückes sie gegeben wird. In Ödön von Horváths Dramen sind solche Entwicklungen aber nur sehr gering vorhanden, bei seinen Figuren handelt es sich eher um Typen, die sich nicht oder kaum verändern und grundsätzliche Eigenschaften verkörpern. Dafür fällt bei ihnen oft Sprechen und Handeln drastisch auseinander.

Horváths Typen

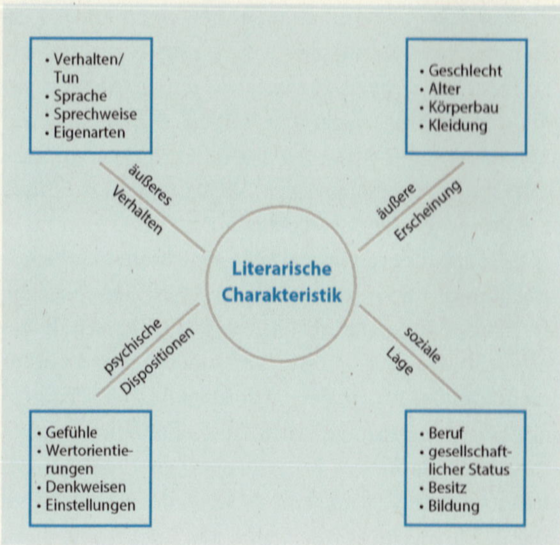

Abb. 3: Die vier Inhaltsebenen der literarischen Figurencharakteristik. – Grafik: Gert Egle / www.teachsam.de / CC-BY-SA 4.0

Gemeinsamkeiten und Handlungsräume

Schaut man sich Horváths Figurenensemble in den *Geschichten aus dem Wiener Wald* erst einmal als Ganzes an, so fällt auf, dass die Figuren einige Gemeinsamkeiten aufweisen: Sie alle stammen aus dem Kleinbürgertum und gehören zu defekten oder unvollständigen Familien: Die Frau des Zauberkönigs, Oskars Mutter und Alfreds Vater sind gestorben, auch Valerie ist Witwe und die anderen Figuren scheinen

■ Gemeinsamkeiten der Figuren

■ Kleinbürger

■ Defekte Familien

Bildungsjargon

Handlungsräume der Figuren

überhaupt keine Familien zu haben, zumindest werden diese nicht thematisiert. Auffällig ist die Sprache der Figuren: Sie alle verwenden einen Bildungsjargon, der sie klug erscheinen lassen soll, sie aber auf unterschiedliche Weise als dumm entlarvt (vgl. dazu auch das Motto des Dramas), etwa indem sie Zitate oder Fremdwörter falsch gebrauchen.[6]

Die Hauptfiguren lassen sich verschiedenen Handlungsräumen zuordnen: Während Marianne, Oskar, der Zauberkönig und Valerie zur Nachbarschaft der Stillen Straße in Wien gehören, agiert Alfred außerdem in der »Wachau«. Am Ende kommen alle Hauptfiguren dort zusammen. Auch die Nebenfiguren gehören unterschiedlichen Handlungsräumen an: Alfreds Mutter und Großmutter sind nur in der »Wachau« zu sehen; Erich, Havlitschek und der Rittmeister handeln vorwiegend in der Stillen Straße; der Mister (beim »Heurigen« und im »Maxim«), die Baronin (in ihrem Zuhause und kurz im »Maxim«), der Beichtvater (im Stephansdom) und der Hierlinger Ferdinand (»Wachau«, Café im zweiten Bezirk, bei der Baronin) treten außerhalb auf. Das Figurenensemble wird komplettiert durch einige Randfiguren (Ida, Emma, Helene, Gnädige Frau und der Conférencier), die für die Handlung eine stützende Funktion haben, aber keine eigenen Charakterkonturen gewinnen.

Grafisch lassen sich die Beziehungen zwischen Haupt- und Nebenfiguren so darstellen:

6 Siehe hierzu auch Kap. 4 »Form und literarische Technik«.

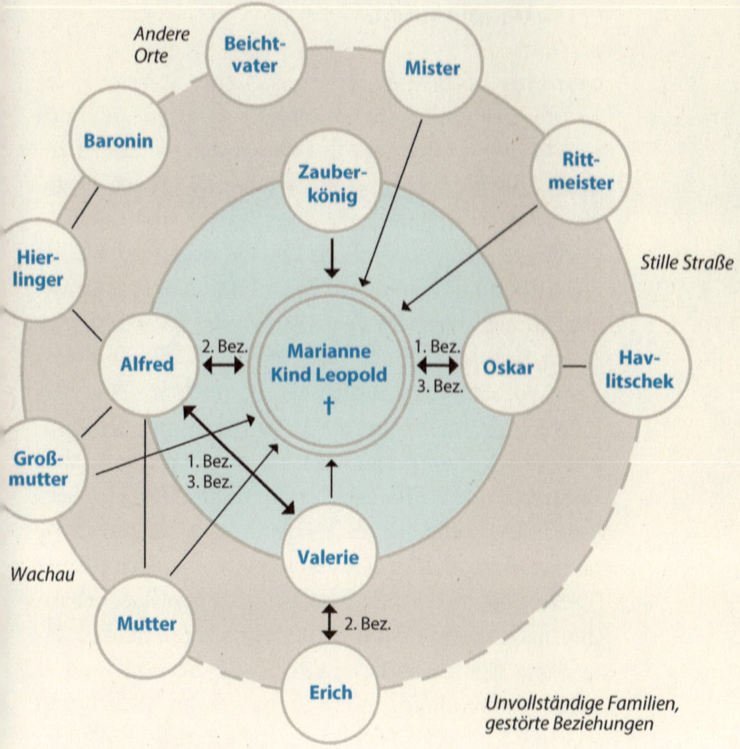

Innere Kreise: Hauptfiguren
Äußerer Kreis: Nebenfiguren
Randfiguren: Ida, Emma, Baronin, Helene, Gnädige Frau, Conférencier

Abb. 4: Figurenkonstellation

Die Hauptfiguren

Freundlich und lebenstüchtig

Marianne. Schon die ersten Auftritte Mariannes legen ihre zentralen Charaktereigenschaften und auch ihre Stellung innerhalb des Figurenensembles offen: Zum ersten Mal begegnen wir ihr, als sie als Angestellte der Puppenklinik ihres Vaters eine Kundin (Gnädige Frau) aus der Ladentür begleitet. Sie ist freundlich zu der Frau und professionell, verspricht das Gewünschte zu besorgen (S. 17). Marianne ist durch ihre Art offenbar für den bescheidenen Erfolg des Geschäftes wesentlich verantwortlich – denn als ihr Vater später in einer ähnlichen Szene gezeigt wird, verweigert er derselben Kundin eine Bestellung, weil ihm das »zu viel Schreiberei macht« (S. 60). Sein Spielwarenladen geht offenbar nicht zuletzt auch deswegen dem Bankrott entgegen (S. 93). Statt seiner Tochter dankbar zu sein und sie respektvoll zu behandeln, zeigen die ersten Auftritte so ziemlich das Gegenteil: Der Zauberkönig schimpft herum, weil er seine Sockenhalter nicht finden kann (S. 17) und macht dafür seine Tochter verantwortlich.[7] Sie findet schließlich das spießbürgerliche Utensil, das er selbst verlegt hat. Ganz offensichtlich muss Marianne ihrem

7 Später wird auch Alfred bezeichnenderweise seine Sockenhalter suchen und Marianne für den Schwund verantwortlich machen (vgl. S. 45 f.). Damit wird sehr deutlich, dass Mariannes Versuch, sich von ihrem Vater zu befreien, vollends gescheitert ist und sie lediglich die eine Abhängigkeit mit der anderen getauscht hat.

Vater auch die verstorbene Frau ersetzen, weil er alleine nicht lebenstüchtig ist.

Ersatz für tote Mutter

Als Marianne erstmals mit dem Rittmeister spricht, offenbart sie implizit auch ihre Gefühle gegenüber der geplanten Vermählung mit Oskar: Der pensionierte Offizier gratuliert ihr und Marianne weiß erst einmal nicht, wovon er überhaupt spricht. Ganz offensichtlich hat dieses eigentlich doch lebensverändernde Ereignis keinen großen Stellenwert für sie, wenn sie erst darüber nachdenken muss, wozu ihr gratuliert wird. Der erste gemeinsame Auftritt mit Oskar zeigt dann auch nur allzu deutlich, warum Marianne die Beziehung zu dem Fleischermeister mit nur wenig Enthusiasmus sehen kann: Der Kuss der beiden wird – offenbar wie öfter schon – zu einer schmerzhaften Angelegenheit für sie, denn Oskar beißt sie. Auf die Frage, ob sie ihn denn liebe, antwortet sie nur mit einer Gegenfrage, der eine aufschlussreiche Stille folgt: »Was ist Liebe?« (S. 20). Damit hat Marianne die für sie zentrale Frage gestellt, die auch (mit) im Mittelpunkt des ganzen Dramas steht. Später spricht sie dann deutlich aus, dass sie Oskar nicht liebt: »Eigentlich ist das nämlich gar nicht das, was man halt so Liebe nennt, vielleicht von seiner Seite aus, aber ansonsten –« (S. 26).

Keine Liebe zu Oskar

Als Marianne Alfred das erste Mal sieht, arrangiert sie bezeichnenderweise im Schaufenster des Puppenladens die dortigen Ausstellungsstücke – für Alfred wird sie in diesem Moment offenbar selbst zu einem solchen begehrenswerten Objekt. Marianne

Alfreds (Schaufenster-) Objekt

schaut ihn dagegen »fast fasziniert« (S. 21) an, während im Hintergrund der liebliche Walzer »In lauschiger Nacht« von Carl Michael Ziehrer gespielt wird. Das Musikstück aus der bekannten Operette *Die Landstreicher* feiert die Liebesbegegnung eines jungen Paares, dem bald schon – wie es im Liedtext heißt – »der Klapperstorch [...] den Segen ins Haus« bringt. Und – so geht es dort weiter – nach »[z]weimal fünfundzwanzig Jahre[n]« steht das Paar zur Silberhochzeit erneut vor dem Altar und kann sich sagen »Hab' Dich immer noch so lieb«.[8] Damit scheint in dieser kurzen Sequenz, die ganz ohne Worte auskommt,[9] eine Hoffnung auf, die allerdings gleich abrupt (»mitten im Takt«, S. 22) endet, als Marianne Alfred plötzlich erschrocken anblickt und den Sonnenvorhang herunterlässt. Ihre nur gebremste Faszination für ihn (»fast«, S. 21) und ihr Erschrecken scheinen bereits unbewusst aus der Ahnung zu resultieren: Solche operettenhaften, kitschigen Liebesbeziehungen gibt es in der Realität nicht, zumindest nicht für sie. Das allerdings hält Marianne nicht davon ab, sich später doch auf diesen Hallodri einzulassen, weil sie meint, ihn zu lieben und er ihr scheinbar einen Ausweg aus der kleinbürgerlichen

8 Der Text wird hier zitiert nach: www.planet-vienna.com/Musik/Operette/Texte/lauschige_nacht.htm.

9 Den Text zum Walzer muss der Leser/Zuschauer entweder schon kennen oder erst recherchieren. Zum Umgang mit den Liedern und ihren Texten im Drama vgl. auch Kap. 6 »Interpretationsansätze«.

Enge bietet. Die Möglichkeit, sich selbst zu befreien und zu emanzipieren, hat ihr der Vater vereitelt, indem er ihr eine Berufsausbildung versagte: Rhythmische Gymnastik wollte sie studieren und träumte von »einem eigenen Institut« (S. 26). Doch ihr »Papa sagt immer, die finanzielle Unabhängigkeit der Frau vom Mann ist der letzte Schritt zum Bolschewismus« (S. 26). Aus heutiger Sicht mag Mariannes Wunsch, sich ausgerechnet mit rhythmischer Sportgymnastik eine eigene Existenz aufbauen zu wollen, zwar komisch wirken, doch zur Entstehungszeit des Dramas war die eigenständige Leitung von Gymnastik- und Tanzschulen eine Möglichkeit für Frauen, tatsächlich finanziell und sozial autonom handeln zu können.[10]

Versagte Unabhängigkeit

Marianne erkennt sehr genau, was die fehlende Berufsausbildung letztlich für sie bedeutet. Im Streitgespräch mit ihrem Vater im letzten Teil des Dramas verdeutlicht sie ihm die fast vollständige Ausweglosigkeit ihrer Situation:

> »[A]uf den Strich gehen kann ich nicht, ich kann das nicht, ich habs ja schon versucht, aber ich kann mich nur einem Manne geben, den ich aus ganzer Seele mag – ich hab ja als ungelernte Frau sonst nichts zu geben – dann bleibt mir nur der Zug.« (S. 82)

10 Vgl. hierzu Bernd Wedemeyer-Kolwe, *»Der neue Mensch«. Körperkultur im Kaiserreich und in der Weimarer Republik*, Würzburg 2004.

Damit ist klar, warum sie unbedingt mit Alfred durchbrennen will: Sie vermeint, ihn »aus ganzer Seele« (S. 82) zu mögen und hält ihn fälschlich für ihren Retter. Und es wird auch verständlich, warum sie so verzweifelt ist, sich nach dem Scheitern der Beziehung mit Alfred als Nackttänzerin zu verdingen und sogar noch zur Diebin wird (S. 84) – sie hat »als ungelernte Frau sonst« (S. 82) keine Chance zu überleben. Den Freitod wählt sie wohl nur nicht, weil sie für ihren Sohn Leopold eine große Verantwortung spürt.[11]

Marianne muss immer wieder von Männern Beschimpfungen über sich ergehen lassen: Ihr eigener Vater nennt sie »gemeines Schwein« (S. 83), Alfred schimpft sie »egozentrische Person« (S. 45) und halblaut wohl auch »dummes Kalb« (S. 47), der »Mister« beleidigt sie als »blöde Hur« (S. 84). Wiederholt versucht sie sich zur Wehr zu setzen, um ihre Position zu behaupten, letztlich aber ist sie den Männern und den Verhältnissen heillos unterlegen: Nachdem ihr Kind gestorben ist, das sie nur widerwillig in die Pflege von Alfreds Familie in der Wachau gegeben hatte, gibt sie am Ende auf und schickt sich in die Ehe mit dem ungeliebten und brutalen Oskar. Zu dieser kompletten Selbstaufgabe hat auch beigetragen, dass Marianne nirgendwo Hilfe und eine Stütze finden konnte – auch und gerade im Glauben und in der Kirche nicht. Als sie in ihrer Verzweiflung beichtet, macht ihr der

■ Opfer – der Männer und der Verhältnisse

■ Alleingelassen

11 Horváth treibt hier ein böses Spiel mit dem Wort »Zug«: Marianne droht, sich »vor den Zug« zu werfen – und Leopold, ihr Kind, kommt »im Zug« um.

Priester – und damit wieder ein Mann – nur Vorwürfe und verweigert ihr die Absolution (S. 67). In ihrer Ratlosigkeit wendet sie sich deshalb direkt an Gott:

> »Lieber Gott, ich bin im achten Bezirk geboren und hab die Bürgerschul besucht, ich bin kein schlechter Mensch – hörst du mich? – Was hast du mit mir vor, lieber Gott?« (S. 67)

Die Stille, die diesen Fragen folgt, beinhaltet bereits die Antwort, wie Marianne am Ende des Stückes ebenso feststellt:

> »Ich hab mal Gott gefragt, was er mit mir vorhat. – Er hat es mir aber nicht gesagt, sonst wär ich nämlich nicht mehr da. – Er hat mir überhaupt nichts gesagt. – Er hat mich überraschen wollen. – Pfui!« (S. 102)

Oskar. Mit Oskar tritt dem Leser/Zuschauer eine Figur entgegen, bei der die äußere Erscheinung und die expliziten Selbstcharakterisierungen in starkem Kontrast stehen zu den implizit vermittelten Informationen. Von außen betrachtet erscheinen der Fleischhauer und sein Geschäft »gediegen[]« (S. 13), er spricht mit Marianne über Liebe und betont, dass er »ein religiöser Mensch« sei und dass er es »ernst nehme mit den christlichen Grundsätzen« (S. 20). Doch schon sein erster Auftritt verrät, was sich unter der (klein-)bürgerlichen Oberfläche abspielt: Als sein Gehilfe

■ Gediegene Fassade – brutales Innere

Mordlust und Gewalttätigkeit

Havlitschek eine Gewaltfantasie gegenüber der kleinen Ida äußert, »lächelt« Oskar laut Regieanweisung, offenbar auch in Erinnerung an eine verunglückte Schlachtung am Tag zuvor (»mit dem Messer in der Gurgel herumrennen [...] wie die gestrige Sau«, S. 14). Sein anschließender Blick zu Ida ist dem Kind so »unheimlich« (S. 14), dass es wegrennt. Mit Havlitschek teilt Oskar offenbar seine tiefe Verachtung für Frauen, die sprachlich immer wieder in die Nähe des Schlachtviehs gerückt werden (vgl. etwa S. 44).

Oskars Vorstellung von ›Liebe‹

Gewalt ist Oskar nicht nur vertraut, er scheint sie sogar zu genießen, vor allem beruflich, denn das Abstechen einer Sau macht ihm normalerweise »Spaß« (S. 43). Auch in der für den Leser/Zuschauer ersten Begegnung mit Marianne kann Oskar nicht an sich halten und verletzt sie, als sie sich küssen. Bei ihrer Verlobungsfeier im Wald demonstriert er gar Jiu-Jitsu-Griffe an ihr, um zu zeigen, »wie man seinen Gegner spielerisch kampfunfähig machen kann« (S. 31). Das ist anscheinend auch sein Konzept von Liebe und Ehe: Die Frau soll als »ideale Hausfrau« ein »Engel« (S. 44) – und ansonsten im übertragenen Sinne ›kampfunfähig‹ im festen Griff des Ehemanns sein. Nicht nur durch die vorangegangene Jiu-Jitsu-Attacke dürfte Marianne verstehen, dass Oskars oberflächlich so großzügig anmutende Reaktion auf das Ende ihrer Beziehung in Wahrheit eine Drohung ist: »[I]ch werde dich auch noch weiter lieben, du entgehst mir nicht« (S. 40). Oskars ›Liebe‹ geht buchstäblich über Leichen: »Ich habe sie noch immer lieb – vielleicht stirbt das Kind« (S. 64).

Scheinbare Großmut als Drohung

Sein Wunsch erfüllt sich tatsächlich, als der kleine Leopold nach der Misshandlung durch seine Großmutter und die Ur-Großmutter stirbt, und Oskar kann dann – offensichtlich völlig unbelastet vom tragischen Ableben eines Kindes – verkünden, dass sich »alles so eingerenkt« (S. 103) habe: Nun ist Marianne für eine Beziehung, in der sich Oskar nicht um den gesellschaftlichen Makel eines fremden, unehelichen Kindes sorgen muss, wieder frei. Und so führt er die ›kampfunfähige‹ Marianne ab – in eine gemeinsame Zukunft.

Ein kleines Detail bei der Charakterisierung Oskars darf nicht übersehen werden: Bei der letztlich scheiternden Verlobungsfeier mit Marianne kommt es zu einer Verbrüderung Oskars mit Erich, dem strammen Nationalsozialisten (S. 29). Hier erweist sich Horváth fast als Prophet: Über 47 Prozent der wahlberechtigten selbständigen Kleinbürger werden im Deutschen Reich 1933 ihre Stimme der NSDAP geben (von der Gesamtbevölkerung erhielt die Partei knapp 44 Prozent der Stimmen) und ihr damit die Macht sichern. Horváth ahnt also bereits, dass viele – unter der Oberfläche gewaltbereiten – Kleinbürger für die drohende Beseitigung der Demokratie eine entscheidende Rolle spielen werden.[12]

12 Vgl. Jürgen W. Falter, »Warum die deutschen Arbeiter während des ›Dritten Reiches‹ zu Hitler standen. Einige Anmerkungen zu Günther Mais Beitrag über die Unterstützung des nationalsozialistischen Herrschaftssystems durch Arbeiter«, in: *Geschichte und Gesellschaft* 13 (1987) S. 217–231, hier: S. 229. – In Österreich waren die Verhältnisse nicht wesentlich anders.

Der Zauberkönig. Nicht selten ist der erste Auftritt einer Figur bei Horváth äußerst aufschlussreich, denn mit nur wenigen Mitteln wird die Figur bzw. der ›Typ‹ dabei schon weitreichend charakterisiert: Der Zauberkönig erscheint erstmals auf »seine[m] Balkon« (S. 17) – die »Privatwohnung« (S. 14) über seinem Geschäft gehört ihm – und gleich mehrere Utensilien markieren seine soziale Stellung und auch seine Geisteshaltung: Bekleidet ist er nämlich mit einem Schlafrock, er trägt eine Schnurrbartbinde und sucht seine Sockenhalter (vgl. S. 17). Damit wird er als (Klein-)Bürger gekennzeichnet, dem erheblich an seiner äußeren Erscheinung liegt und daran, dass alles sprichwörtlich ›in Form gehalten‹ wird. Diese Einstellung begründet auch, warum der Zauberkönig sich so darüber aufregt, dass die Sockenhalter verschwunden sind: Er könne ja schließlich nicht zur Totenmesse »mit rutschende Strümpf« (S. 18) gehen.

■ ›In Form gehaltener‹ Kleinbürger

Die Episode um die Sockenhalter verdeutlicht noch etwas: Obwohl sich schließlich herausstellt, dass er selbst sie verlegt hat, brüllt der Zauberkönig zunächst seine Tochter an, die er für seine Garderobe verantwortlich macht. Marianne ist für ihn ganz offensichtlich kaum mehr als eine Bedienstete, wie er nur kurz darauf selbst zu verstehen gibt: »Nicht einmal einen Dienstbot kann man sich halten. Wenn ich meine Tochter nicht hätt« (S. 18). Nach dem Tod seiner Frau, über die er nur in offiziellen Reden gut spricht (»meiner unvergesslichen Gemahlin«, S. 28) und in privaten Gesprächen herzieht (»ein bissiges Mistvieh«,

■ Verachtung für verstorbene Ehefrau

S. 21; »Mir hat sie das ganze Leben verpatzt!«, S. 73), muss Marianne die Rolle der Hausfrau für ihn ausfüllen. Auch in anderer Hinsicht soll ihm seine Tochter vor allem nützlich sein: Die verabredete Heirat mit Oskar dient nicht zuletzt dazu, die eigene Zukunft finanziell abzusichern: »Ich bin nur froh, dass ich die Mariann angebracht hab, eine Fleischhauerei ist immer noch solid« (S. 33).[13]

Ausnutzen der Tochter

Wie auch viele der anderen Figuren verrät sich der Zauberkönig unbeabsichtigt selbst durch den auch bei ihm nicht selten komisch wirkenden Bildungsjargon und seine Formulierungen – so auch, als er sich über Mariannes Hinwendung zu Alfred empört und diesem entgegenschleudert, die Beziehung seiner Tochter zu Oskar dürfe nicht platzen, »*auch* aus moralischen Gründen nicht!« (S. 39, Hervorhebung durch S. F.). Überhaupt ist der moralische Kompass beim Zauberkönig außerordentlich fragwürdig eingestellt: Ausgerechnet nachdem er Valerie an der Donau unaufgefordert zugesehen hat, wie sie sich entkleidet (und dann auch noch an ihrem Korsett schnüffelt), beklagt er sich, dass »diese heutige Zeit […] eine verkehrte Welt« sei, »[o]hne Treu, ohne Glauben, ohne sittliche Grundsätz« (S. 33). Besonders krass tritt seine Doppelmoral hervor, als er sich zunächst beim »Heu-

Implizite Charakterisierungen

13 Den Zusammenhang zwischen ihrer Heirat und der Rettung des Spielwarengeschäftes erkennt natürlich auch Marianne – und wehrt sich dagegen, wenn sie Oskar entgegenschleudert: »Nein, […] ich heirat dich nicht!! Meinetwegen soll unsere Puppenklinik verrecken, eher heut als morgen!« (S. 40).

rigen« und dann im »Maxim« betrinkt: »Heut bin ich wieder der Alte!«, ruft er fröhlich aus, als er einem »vorübertanzenden Mädchen« (S. 69) einfach an die Brüste fasst. Auch auf die Avancen zweier deutlich jüngerer Damen (»Mädchen«, S. 77) geht er freudig-frivol und ohne zu zögern ein: »Was? Du bist noch eine Jungfrau? Und das soll dir dein Onkel glauben? Na, ich werd da mal nachkontrollieren« (S. 76). Als er aber im selben Etablissement seine eigene Tochter erblickt, die als Aktmodell dort arbeiten muss, um sich und ihren Sohn durchzubringen, ist er moralisch entrüstet. Er vermag seine Mitschuld daran, dass Marianne in dieser Lage gelandet ist, nicht zu erkennen; denn nach ihrer Trennung von Oskar hat er sie komplett fallen lassen: »Ich habe keine Tochter mehr!« (S. 40).

■ Moralist – und Busengrapscher

Vielmehr meint der Zauberkönig, durch Mariannes tiefen Fall werde ihm von ihr Unrecht getan: »Oh du gemeines Schwein, was machst du denn mit mir auf meine alten Tag? Eine Schande nach der anderen – oh ich armer alter Mensch, mit was hab ich denn das verdient?!« (S. 83). Mariannes scharfe Reaktion – »Denk nicht immer an dich!« (S. 83) trifft einen wesentlichen Charakterzug des Zauberkönigs. Als er über den Krebstod seiner Frau erzählt, kommentiert er Valeries Mitleid mit der Verstorbenen so nur mit einem Hinweis auf sein eigenes Leid: »Ich war auch nicht zu beneiden. Man hat ihr die linke Brust wegoperiert – sie ist überhaupt nie gesund gewesen, aber ihre Eltern haben mir das verheimlicht« (S. 33). Und

■ Radikaler Egoist

auch in seinem allerletzten Auftritt gilt seine Sorge sich selbst: Als er vom Tod seines Enkels erfährt, bittet er den lieben Gott darum, ihn vor einem weiteren Schlaganfall nach diesem Schock zu verschonen (vgl. S. 101). Über das Kind, das seinen Namen (Leopold) trug, verliert er kein Wort.

Alfred. Auch Alfreds erster Auftritt ist äußerst aufschlussreich – schon im Umgang mit seiner Mutter, Großmutter und Valerie in der Wachau treten seine zentralen Charaktereigenschaften hervor: Er ist egoistisch, verlogen, betrügerisch, respekt- und verantwortungslos sowie arbeitsscheu: Er war einmal Bankbeamter, doch hat er diesen Beruf aufgegeben, weil ihm dieser »nämlich keine Entfaltungsmöglichkeiten« (S. 8) geboten hat. Letztlich ist er ein Hasardeur, ein Hochstapler, der seine kleinbürgerliche Existenz aufgibt, um auf Kosten anderer zu leben.

■ Egoistisch, betrügerisch, verantwortungslos

Seiner Mutter täuscht er vor, sie eigentlich öfter besuchen zu wollen, aber stünden ihm dafür die Mittel nicht zur Verfügung – eine Aussage, die sogleich unabsichtlich von seinem Freund, dem Hierlinger Ferdinand, widerlegt wird (vgl. S. 10). Alfred hat seine Freundin Valerie, die ihm Geld für Pferdewetten geliehen hat, um große Teile des Gewinns betrogen, was sie ihm mithilfe einer Zeitung nachweisen kann. Das allerdings führt nicht zu Reue und Einsicht bei ihm, sondern zu einer Attacke auf Valerie: »Nein, du bist halt keine richtige Frau. Du stoßt mich ja direkt von dir – mit derartigen Methoden« (S. 11).

■ Verlogen

Hassliebe zur Großmutter

Mit seiner Großmutter treibt er ein ähnliches Spiel: Auch sie leiht ihm mehrfach Geld, das sie nicht wiedersieht bzw. das er zweckentfremdet (statt mit ihrem Geld nach Frankreich zu gehen, verwettet Alfred es auf der Trabrennbahn). Zu seiner Großmutter pflegt er eine Hassliebe: Er ist zwar »ihr Liebling« (S. 8), wie Alfreds Mutter sagt, das hindert die Großmutter aber nicht daran, ihn einen »Verbrecher« (S. 57, 85) zu nennen und zu verwünschen: »Häng dich auf!« (S. 85). Er wiederum beschimpft sie mehrfach als »Hex« (etwa S. 57) – und muss ausgerechnet an sie denken, als er das Wort »ersticken« gebraucht: »Apropos ersticken: wo steckt denn die liebe Großmutter?« (S. 8). Ihre Auseinandersetzungen werden einmal sogar körperlich (die Großmutter kneift und schlägt ihn, vgl. S. 57), enden aber auch bisweilen in dem kindischen Ausruf »Bäääh!« (S. 9, 85). Gleichzeitig sorgt sich die Großmutter immer wieder um ihren Enkel (vgl. z. B. S. 13) und will ihm helfen: Zum einen ermutigt sie ihn, nach Frankreich zu gehen, zum anderen sorgt sie für den Tod des kleinen Leopold (S. 87), ganz offensichtlich nicht zuletzt, um Alfred endgültig aus der Beziehung mit Marianne zu ›befreien‹. Dass die zwei Figuren sich ähnlicher sind, als auf den ersten Blick zu vermuten ist, zeigt sich auch an ihrer beider Unfähigkeit, angemessen zu kommunizieren: Sie speisen ihr Gegenüber mit »Halts Maul!« (S. 25, 86) ab, wenn sie argumentativ in Bedrängnis geraten.

›Liebe‹ aus Eigennutz

Auch in Liebesdingen ist Alfred geprägt von seinem Egoismus. Die Beziehung zu Valerie, die er am

Anfang des Stückes pflegt, scheint er vor allem deswegen einzugehen, um auf ihr Vermögen Zugriff zu haben. Wenig schmeichelhaft beschreibt er sie seiner Mutter als »ältere Dame«, mit der er eigentlich »nichts [...] zu tun« (S. 9) habe. Als er Marianne das erste Mal sieht und sofort begreift, dass er bei ihr Chancen hat, fällt ihm die Trennung von Valerie nicht schwer, der er zu allem Überfluss zuvor noch Vorwürfe wegen ihrer angeblichen »hysterischen Eifersüchteleien« (S. 22) macht. Valerie durchschaut ihn spätestens in diesem Moment und ruft ihm heftige Schimpfwörter hinterher: »Luder. Mistvieh. Zuhälter. Bestie« (S. 23).

Verräterischer Sprachgebrauch

Wie die anderen Figuren verrät auch Alfred seine wahren Intentionen oft durch das, was er sagt: Als sich z. B. Marianne ihm gegenüber öffnet und darüber wundert, dass er es schaffe, so viel aus ihrem Inneren »heraus[zu]ziehen« (S. 26), entgegnet er: »Ich will gar nichts aus Ihnen herausziehen. Im Gegenteil« (S. 27). Damit gibt er (wohl unfreiwillig) preis, welche Motivation sich hinter seinem Bemühen um Marianne verbirgt: Ihr Seelenleben ist ihm reichlich egal, es geht ihm ganz offensichtlich nur um Sex. Er warnt Marianne sogar, sie möge ihn »vernünftig« lieben, also »keine Unüberlegtheiten machen [...], denn dafür könnt ich keine Verantwortung übernehmen« (S. 38). Mit anderen Worten: Alfred will keine Beziehung mit Marianne, sondern nur eine Affäre. Das macht er auch deutlich – unter Zuhilfenahme eines scheinbar moralischen Arguments:

»Noch nie in meinem Leben hab ich eine Verlobung zerstört, und zwar prinzipiell! Lieben ja, aber dadurch zwei Menschen auseinanderbringen – nein! Dazu fehlt mir das moralische Recht! Prinzipiell!« (S. 38)

Marianne durchschaut diese Äußerungen Alfreds freilich nicht, sondern hält sie sogar noch für einen Ausweis seiner feinen Gesinnung – und gibt sich ihm hin. Dass eine Beziehung zwischen den beiden scheitern muss, ist bereits an dieser Stelle klar.

Mit seinem Freund, dem Hierlinger Ferdinand, spricht Alfred später dann ehrlich über seine Beziehung mit Marianne, ihm gesteht er auch, dass er diese zu einer Abtreibung gezwungen habe, die aber fehlschlug. Hier tritt wieder hervor, wie verlogen er ist: »Gott ist mein Zeuge, dass ich nie ein Kind hab haben wollen, das hat nur sie haben wollen« (S. 49), sagt er, obwohl er gegenüber seiner Mutter am Anfang des Stückes noch zugegeben hatte, dass er manchmal »ja schon so Kinder um [s]ich herum haben« (S. 9) wolle. Und nach dem mutwillig herbeigeführten Tod seines Sohnes Leopold ›betrauert‹ er den Verlust mit den wenig überzeugenden Worten: »Ich bin sehr traurig. Wirklich. Ich hab jetzt grad so gedacht – so ohne Kinder hört man eigentlich auf. Man setzt sich nicht fort und stirbt aus. Schad!« (S. 102).

Alfred ist äußerst ›biegsam‹: Er passt seine Meinungen immer der Situation an und wendet seine Argumente so, wie sie ihm nützlich sind.[14] Besonders krass wird das sichtbar bei seiner Einschätzung, wer Verantwortung für Mariannes Niedergang trage. Gegenüber seiner Großmutter gesteht er ein, dass er »in einer gewissen Hinsicht mitschuldig [ist] an der Mariann ihrem Schicksal« (S. 86). Doch nur kurz darauf einigt er sich mit Oskar darauf, dass prinzipiell die Frauen an solchen Unglücken schuld seien, denn – wie Oskar ausführt – »[d]er Mann ist ja nur der scheinbar aktive Teil und das Weib nur der scheinbar passive« (S. 91). Die einzige Lehre, die Alfred deshalb aus der gescheiterten Beziehung mit Marianne zieht, ist die, dass »wir Männer [...] mehr zusammenhalten« (S. 91) müssten. Schamlos ist er mit dieser Sicht der Dinge auch in der Lage, erneut mit Valerie anzubandeln. Diese weist ihn zwar zunächst ab – geht aber letztlich mit ihm von der Bühne ab, offenbar erneut seinem Charme erlegen. Der Literaturwissenschaftler Peter Wapnewski beschreibt Alfred zusammenfassend als »wirklich böse und durchaus mies« und charakterisiert ihn als das Klischee vom »Landbub, in die Großstadt verschlagen und in der Wirtschaftskrise unter die Räder gekommen.«[15]

Frauenverachtung

14 Entsprechend zitiert Alfred den Philosophen Friedrich Nietzsche: »Nur wer sich wandelt, bleibt mit mir verwandt« (S. 97). Auch diese Aussage tritt in scharfen Kontrast zur Wirklichkeit: Alfred wandelt sich gerade nicht, er bleibt sich treu – in seiner Prinzipienlosigkeit. Er bleibt »der hohlste Sprücheklopfer unter all diesen hohlen Sprücheklopfern«. Vgl. Wapnewski (s. Anm. 4), S. 31.

15 Ebd., S. 35.

■ »Tragödie des Weibes«

■ Opfer patriarchaler Strukturen

Valerie. Von Valerie erfährt der Leser/Zuschauer als Erstes, dass es sich bei ihr um eine »hergerichtete[] Fünfzigerin« (S. 10) handelt, die mit ihrem eigenen Äußeren hadert: »Gott, bin ich wieder derangiert – höchste Zeit, dass ich mich wieder mal rasier« (S. 13), sagt sie, während sie dazu den bekannten »Trauermarsch« von Chopin summt. Sie empfindet es – offenbar gerade in ihrem Alter – als die »Tragödie des Weibes«, dass sich die Frauen anders als die Männer ständig »so herrichten und pflegen« (S. 33) müssen. Diese expliziten auktorialen und figuralen (Selbst-) Beschreibungen Valeries sind wichtig, denn sie legen fest, wo sich die Figur im sozialen Gefüge befindet: Sie sehnt sich ganz offenbar danach, (noch immer) von den Männern als attraktiv wahrgenommen und begehrt zu werden, was diese schamlos ausnutzen – und sie dabei auch noch zutiefst verachten. Der junge Nationalsozialist Erich, mit dem sie eine Liaison hat, beschimpft sie hinter ihrem Rücken massiv, während er sich zugleich scheinbar gütlich von ihr trennt (S. 90). Damit ist Valerie eines der prototypischen Opfer des Patriarchats, die Horváth in seinen Stücken immer wieder zeigt.

Valerie versucht sich allerdings wiederholt gegen die Männer, vor allem gegen Alfred, zu behaupten: Zu Beginn des Dramas konfrontiert sie diesen damit, dass er sie beim Glücksspiel hintergeht, sie verbittet sich, von ihm als »Person« (S. 11) tituliert zu werden und beharrt darauf, dass sie es gewesen sei, die sich von ihm getrennt habe (S. 94). Allerdings bleibt Valerie extrem liebesbedürftig und lässt sich immer wieder (körperlich) auf Männer ein: Sie schläft mit Alfred – ein für sie offensichtlich wichtiges Erlebnis, denn sie erinnert sich an das genaue Datum (S. 32) – und nach dem Ende der Beziehung zu Alfred küsst sie in der Wachau in kurzer Folge zuerst den Zauberkönig und dann den jungen Erich. Auch nutzt sie ihre gesicherte finanzielle Situation, um Männer in Abhängigkeit zu ihr zu bringen: Alfred leiht sie kontinuierlich Geld für sein Glücksspiel und dem Studenten Erich bietet sie kostenlos eine Wohnung und versorgt ihn mit Zigaretten aus ihrer Trafik. Gerade Letzterem scheint sie sich kurzzeitig überlegen zu fühlen, wenn sie ihn harsch anfährt, er solle das »Maul« halten, »sonst schmiere [sie ihm] eine« (S. 71). Doch da irrt sie sich gewaltig: Auch Erich wird Valerie verlassen, und sie wird selbst mit ihrer Absicht, sich freundschaftlich und in gegenseitigem Respekt von ihm zu trennen, scheitern.

■ Bedürftig nach Liebe und Anerkennung

Valerie ist neben Marianne die einzige Figur im Stück, die sich durch Empathie auszeichnet und nicht von Selbstmitleid und krassem Egoismus getrieben ist: Ihren verstorbenen Mann hat sie offenbar geliebt – zumindest hat sie ein schlechtes Gewissen, wenn sie an sein vernachlässigtes Grab denkt (S. 12) –, und sie weist Oskar deutlich in die Schranken, als dieser sich in seinen sadistischen Rachephantasien ergeht und sich den Tod von Mariannes Kind wünscht (S. 64). Sie ist auch die einzige, die über Mariannes Auftritt als Nacktmodell wirklich entsetzt ist: Nicht, weil sie diese moralisch verurteilt, sondern weil ihr Marianne

■ Empathisch

leidtut (vgl. S. 79 f.). Dieses Mitleid muss Valerie allerdings sogleich körperlich büßen: Der Mister, den sie nur kurz zuvor mit einer »so zarte[n] Seele« (S. 77) ausgestattet sah, »boxt ihr in die Brust« (S. 79), weil ihm ihr Aufschrei nicht passt.

Spielt patriarchale Strukturen mit

Valeries »weibliches Solidaritätsgefühl« (S. 95) – sie ist die einzige Figur im Stück, die das Wort »Solidarität« überhaupt in den Mund nimmt – führt sie aber nicht unbedingt zu den richtigen Handlungen: Sie initiiert die falsche Versöhnung zwischen Oskar und Marianne und auch zwischen dem Zauberkönig und seiner Tochter. Sie vermeint sogar, Marianne den »Stolz […] gründlich ausgetrieben« (S. 89) zu haben, die sie ein »dummes Weiberl« nennt, das »sich eingebildet [hat], die Welt nach ihrem Bild umzuformen – aber die Welt folgt halt doch nur dem Verstand« (S. 93). Letztlich ist Valerie selbst ein Opfer der patriarchalen Strukturen, die sie zwar erkennt (etwa, wenn sie Oskars und Alfreds Verständigung ironisch kommentiert, vgl. S. 95, oder die unterschiedlichsten Männer als »Bestien« bezeichnet, z. B. S. 23), aus denen sie sich aber letztlich nicht befreien kann. Auch führt ihr eigenes Leid nicht dazu, dass sie sich mit anderen Opfern von Unterdrückung und Verfolgung, wie es sie zeitgenössisch viele gibt, wirklich solidarisieren würde: Gegenüber dem Nazi Erich stellt sie entrüstet fest: »Ja glaubens denn, dass ich die Juden mag?« (S. 29).

Die Nebenfiguren

Der Rittmeister. Mit dem Rittmeister integriert Horváth eine Figur in das Ensemble, die noch wesentlich bestimmt wird von Werten und Ansichten der alten Habsburger Monarchie, die 1918 nach dem Ersten Weltkrieg zu Ende gegangen war. Noch immer lässt sich der Rittmeister mit seinem alten militärischen Rang ansprechen,[16] obwohl er »seit dem Zusammenbruch pensioniert« (S. 14) ist und deshalb auch keine Uniform trägt. Im ganzen Stück wird sein eigentlicher Name nicht genannt, was nahelegt, dass er vor allem den Typus ›Offizier im Ruhestand‹ repräsentiert, den es in der Realität in Österreich (und Deutschland) zuhauf gab.

■ Verkörpert Werte der Monarchie

Der Rittmeister hat einen überaus gleichmäßigen Alltag, den er mit Ritualen füllt: Der morgendliche Gang zu Oskars Fleischhauerei (»die gestrige Blutwurst – Kompliment! First class!«) gehört ebenso dazu wie die Lektüre der Lotterie-Ziehungsliste in Valeries Trafik (vgl. S. 14–16 und S. 59). Für ihn bleibt im Wesentlichen immer »alles beim Alten« (S. 87), selbst nach dem Skandal um Marianne, den er maßgeblich mit ausgelöst hat: Er war es, der die Feiergesellschaft im »Heurigen« dazu verleitete, ins »Maxim« zu gehen, um dort eine »ganz besondere Überraschung« (S. 74) zu erleben. Als Motivation für dieses unheilvolle, for-

■ Ewig gleiche Routinen

16 »Rittmeister« war ein Rang in der Kavallerie (einer zu Pferde kämpfenden Truppe) und entsprach dem Hauptmann bei den Fußtruppen.

cierte Zusammentreffen von Vater und Tochter führt er altruistische Absichten (vgl. S. 88) an: Es sei seine »menschliche Pflicht« (S. 80) gewesen, dem Zauberkönig vor Augen zu führen, wozu seine fehlende Solidarität mit seiner Tochter letztlich geführt habe. Damit habe der Rittmeister »versöhnend [...] wirken wollen« (S. 88).

■ Intrigant?

Ob man ihm diese durch und durch gute Motivation abnehmen kann, muss offenbleiben. Zweifel daran sät jedenfalls der Nebentext, der an einer Stelle eine »boshaft[e]« (S. 61) Reaktion des Rittmeisters gegenüber Valerie beschreibt, sowie die Figur selbst: »Wir verstehen uns alle nicht mehr, liebe Frau Valerie! Oft verstehen wir uns schon selber nicht mehr« (S. 72). Auf diese Weise wird der Rittmeister als ambivalente Figur charakterisiert, die moralisch weniger integer zu sein scheint, als sie es ihren Wertvorstellungen entsprechend selbst wohl gerne wäre. Und auch das persönliche Schlusswort des Rittmeisters – »Ende gut, alles gut!« (S. 89) – legt nahe, dass ihm Mariannes Schicksal dann doch nicht so wichtig ist, wie er es zuvor hat glauben machen wollen.

■ Ambivalente Figur

Ungeklärt bleibt auch die Beziehung des Rittmeisters zum christlichen Glauben: Gleich zweimal beantwortet er diesbezügliche Fragen (nach der Herkunft des Menschen und nach der Existenz des Himmels) nur mit unkonkreten Floskeln wie »[w]er weiß« (S. 76) oder »[m]öglich« (S. 88).

■ Feindschaft mit Erich, dem Nazi

Mit Erich, dem Nazi-Studenten, gerät der Rittmeister aber eindeutig in Konflikt: Als dieser die Österreicher in Bezug auf ihr Verhalten im Ersten Weltkrieg »feig« (S. 61) nennt, ist der ehemalige k. u. k.-Offizier außer sich: Ab da wird er Erich bei jedem Zusammentreffen feindselig begegnen; beide erwägen sogar ein Duell, was sie aber letztlich doch nicht austragen. Bemerkenswert ist auch, dass Erich dem Rittmeister unterstellt, er bringe »alten Jüdinnen das Bridgespiel« (S. 61) bei. Damit bringt Horváth diese beiden Typen und ihre jeweiligen Geisteshaltungen in eine fast fundamentale Opposition, die freilich mehr eine Hoffnung als eine historische Tatsache darstellt: Anders als im Drama standen sich in der Wirklichkeit ehemalige Soldaten und junge Nazis nicht unversöhnlich gegenüber – allzu oft unterstützten gerade die (pensionierten) Offiziere die Faschisten und andere rechtsgerichtete Parteien.[17]

Fast Karikatur eines Nationalsozialisten

Erich. Auch mit Erich gestaltet Horváth einen Typus und kein wirkliches Individuum – mehr noch: Erich ist *fast* die Karikatur eines jungen Nationalsozialisten.[18]

Eingeführt wird er als einer der »entfernte[n] Verwandte[n]« (S. 23), die an der (scheiternden) Verlobungsfeier zwischen Oskar und Marianne im »Wiener

17 Vgl. zur Geschichte Österreichs z. B. Manfred Scheuch, *Österreich im 20. Jahrhundert. Von der Monarchie zur Zweiten Republik*, Wien/München 2000.

18 Wichtig ist hier das Wörtchen »fast«, denn Horváth wollte dezidiert keine Karikaturen auf der Bühne haben. Vgl. dazu das Kap. 5 »Quellen und Kontexte«.

Wald« teilnehmen. Der Zauberkönig stellt ihn als seinen »Neffe[n]« vor, als »Sohn [s]eines Schwippschwagers aus zweiter Ehe« (S. 25). Ganz viel scheint er über den Jura-Studenten aber nicht zu wissen, denn beständig verwechselt er den Herkunftsort Erichs. Dieser hat klare Positionen, etwa zur Kunst: Der Tonfilm ist für ihn nur vermeintlich auf einem Siegeszug, von Operetten hält er nichts, wahre Kunst ist für ihn hingegen der Roman *Die Brüder Karamasow* (vgl. S. 25 f.).[19] Politisch bewegt ihn – wie alle Nationalsozialisten – das vermeintliche »Rasseproblem«, das ist ihm sogar »heilig« (S. 29). Er ist Mitglied eines »akademischen Wehrverbandes« und will für dessen »Preisschießen« (S. 34) ausgerechnet neben dem Zauberkönig und Valerie, die sich gerade im »Wiener Wald« im Liebesspiel befinden, mit einem Luftdruckgewehr üben. Es kommt nicht von ungefähr, dass Horváth an dieser Stelle sein ironisches Spiel mit dem Wort »schießen« treibt: Eigentlich will Erich natürlich mit Valerie anbandeln, sie quasi ›erlegen‹, was sein ›Onkel‹ auch sogleich versteht und deshalb zerknirscht das Feld räumt – gegen den Jüngeren (»Jahrgang 1911«, S. 36) hat er keine Chance. Damit karikiert Horváth zugleich aber das quasi-erotische Verhältnis vieler Nationalsozialisten zur Waffe und zum Wehrsport. Jedenfalls fällt es Erich danach leicht, Valerie für sich einzunehmen, die in ihrer Liebesbedürftigkeit ver-

19 Hierbei handelt es sich um den letzten Roman des russischen Schriftstellers Fjodor Dostojewski (1821–1881) aus dem Jahre 1880.

zweifelt genug ist, ihm schon nach kurzer Bekanntschaft freies Logis bei sich anzubieten.

Auch sonst macht sich Erich immer wieder lächerlich mit seinen unpassenden militärischen Kommandos, die er – besonders wenn er betrunken ist – vorwiegend sich selbst erteilt (S. 69). Den passenden Kommentar dazu liefert der Zauberkönig, der erst noch bewundernd feststellt »Stramm! Sehr stramm! Respekt! Es geht wieder aufwärts mit uns!« und dann »unter den Tisch« (S. 69) fällt.

Dieser »Prachtkerl« (S. 92), wie ihn sein ›Onkel‹ nennt, verlässt Valerie, als er wieder zurück nach Preußen reisen will – aber nicht, ohne ihr noch eine deftige Beleidigung hinterherzurufen, die sie allerdings nicht hört (vgl. S. 90). In dieser Beleidigung steckt die ganze Verachtung, die er gegenüber seiner Gönnerin empfindet – und vielleicht auch unbewusst die Verachtung gegenüber sich selbst, weil er sich von der Trafikantin aushalten lassen musste. Denn nicht umsonst betont er zuvor immer wieder, er werde Valerie alles zurückgeben: »Hier steht es genau notiert: Soll und Haben – jede Zigarette. […] Ehrensache!« (S. 90). Und auf die Vorhaltung des Rittmeisters, er lasse »sich von alten Trafikantinnen aushalten« (S. 61), reagiert er besonders wütend.

■ Verachtet Valerie – und sich?

Havlitschek. Mit Ladislaus Havlitschek porträtiert Horváth einen Typus am unteren Rand des Kleinbürgertums. Wie die anderen Figuren kann auch Havlitschek seinen gesellschaftlichen Status nicht durch eine gehobene Sprache verbergen, um die er sich in seinen wenigen Redebeiträgen bemüht: So entlarvt er sich etwa selbst, indem er die Begriffe ›Gourmet‹ (»Feinschmecker«) und ›Gourmand‹ (»Vielfraß«) verwechselt (S. 15).

Schon die auktoriale Einführung der Figur zeigt, mit wem der Leser/Zuschauer es hier zu tun hat: »[D]er Gehilfe Oskars, ein Riese mit blutigen Händen und ebensolcher Schürze, erscheint in der Tür der Fleischhauerei; er frisst eine kleine Wurst und ist wütend« (S. 14). »Wütend« ist Havlitschek noch des Öfteren und immer sind es Frauen oder Mädchen, denen seine Wut und Verachtung gilt. Er will sie »abstechen« (die kleine Ida, S. 14), nennt sie »läufige Bestie«, »Sau« (Marianne, S. 43, 44) oder »dummes Luder« (Emma, S. 43). Frauen taugen für ihn offenbar nur zum (sexuellen) Gebrauch, er betrachtet sie nicht als Individuen, denn es gebe sie »wie Mist« (S. 44). Seinem Chef Oskar rät er: »Und man soll so ein Weib auch nicht schonend behandeln, […] sondern man soll ihr nur gleich das Maul zerreißen oder so!« (S. 44). Damit scheint Havlitschek auszusprechen, was auch Oskar denkt, wenngleich Letzterer klug genug ist, seine sadistischen Gewaltfantasien nicht so direkt zu formulieren.

■ Brutaler Frauenfeind

Die Mutter. Der Vorname von Alfreds Mutter – Frieda – wird selten und nur von der Großmutter erwähnt, ansonsten wird auch sie nicht als individuelle Persönlichkeit dargestellt, sondern auf ihre Mutterrolle reduziert: Obgleich Alfred sie belügt und aus-

■ Reduktion auf Mutterrolle

nutzt, scheint sie ihm sehr zugetan. Sie freut sich über seinen Besuch und streicht ihm liebevoll über das Haar (S. 7), gibt ihm Essen, das offenbar nicht allzu üppig in der Wachau vorhanden ist (S. 8) und sorgt sich um seine Zukunft bzw. darum, dass er eine »reiche Partie« (S. 9) findet. Zusammen mit der Großmutter verwaltet sie in staatlichem Auftrag eine Turm-Ruine,[20] von der aus sich »dem Bergsteiger […] eine prächtige Fernsicht und eine instruktive Rundsicht« (S. 10) bietet. Mit der Großmutter (ihrer eigenen Mutter) verbindet sie eine Art Hassgemeinschaft, die für sie immer »wieder die Höll auf Erden« (S. 8) ist. Ihren Mann hat sie an den Alkohol verloren, wie ihre eigene Mutter ihr vorwirft: »Deine ganze Mitgift hat er versoffen!« (S. 86).

■ Hassgemeinschaft mit Großmutter

Auch wenn sie erkennt, dass Alfreds Verbindung mit Marianne »kein Glück« (S. 56) ist, nimmt die Mutter den kleinen Leopold bereitwillig auf, als Alfred ihn zu ihr abschiebt – die Großmutter wirft ihr sogar vor, es sei ihre Idee gewesen, den Kleinen zu sich zu nehmen (S. 99). Ihn charakterisiert die Mutter als ebenso »sanftes Kind« (S. 56), wie es Alfred gewesen sei. Das erklärt auch ihr Entsetzen über das Tun ihrer eigenen Mutter, die Alfreds und Mariannes Sohn offenbar absichtsvoll einem Durchzug aussetzt. Allerdings schreitet Frieda nicht gegen diese Misshandlung ein, an der das Kind letztlich stirbt (S. 87). Zweimal nennt sie ihre Mutter ein »Ungeheuer« (S. 99) und auch ihre

■ Verhindert Misshandlung von Leopold nicht

20 Diese Ruine wird nicht näher beschrieben; es könnte sich aber um den Turm des bekannten Stiftes Dürnstein handeln.

letzten Worte auf der Bühne richtet sie an die Großmutter: »Na, das sollst du mir büßen« (S. 101).

Kleinbürgerlicher Typus

Die Großmutter. Auch die Großmutter repräsentiert einen kleinbürgerlichen Typus. Ihren Charakter kann man zu Beginn leicht missverstehen, denn die (fast) 80-Jährige erscheint zunächst als Mensch vom Schlag ›raue Schale, weicher Kern‹: Zwar beharkt sie sich mit ihrer eigenen Tochter, der sie unterstellt, ihr den Tod zu wünschen (»tät dir so passen!«, S. 9), und streitet sich mit Alfred um Geld. Doch ihr kindisches »Bääääh!« (S. 9), ihr trotziges Verhalten (»Jetzt möchte ich überhaupt keine Milch mehr haben!«, S. 9 f.) und ihre Sorge um Alfred (»Dass dir nur nichts passiert«, S. 13) lassen sie zumindest im ersten Teil auch als komisch-gutmütige Figur erscheinen.

Intrigiert gegen Marianne

Dieser erste Eindruck relativiert sich allerdings schon deutlich im zweiten Teil: Hier spricht die Großmutter mit Verachtung von der »wilde[n] Ehe« (S. 56) Alfreds und von dem »Bankerten« (S. 57), dem unehelichen Kind, das er in die Welt gesetzt habe. Die darauffolgende Auseinandersetzung mit ihrem Enkel wird sogar körperlich (S. 57). Entscheidend ist außerdem, dass es die Großmutter ist, die Alfred ermuntert, nach Frankreich zu gehen und Marianne und das Kind zu verlassen, sogar Geld will sie ihm für einen Neustart leihen (vgl. S. 58). Auch lässt es nichts Gutes für den kleinen Leopold erwarten, wie die Großmutter über ihn redet: »An *das* denk jetzt nicht« (S. 58, Hervorhebung durch S. F.).

Vollständig entlarvt sich die Großmutter dann im dritten Teil: Zum einen wird ihre Sprache immer vulgärer (»Lügner«, »Scheißkerl«, »Verbrecher«, S. 85), zum anderen erfährt der Leser/Zuschauer von ihrer ungeheuerlichen Tat. Mit Mordabsicht hat sie den kleinen Leopold einem Zug ausgesetzt und ihr Plan geht letztlich auch auf: Leopold stirbt. Damit wird die Großmutter das Kind für sich los und ›löst‹ auch Alfreds Problem. Der Vorwurf, den Tod absichtlich herbeigeführt zu haben, wird zwar figural erhoben, also aus der subjektiven Sicht einer Figur, wodurch er nicht so verlässlich ist wie eine auktoriale Information. Allerdings ist es eben ihre eigene Tochter, die gesehen hat, wie die Großmutter absichtlich den Wagen zwischen zwei geöffnete Fenster stellte (S. 87). Unmenschlich ist auch, wie diese über das gestorbene Kind spricht; sie unterstellt sogar, dass Marianne zufrieden sein könnte, »dass sie es los hat« (S. 99). Der Brief, den die Großmutter ihrer Tochter diktiert, zeugt ebenso von wenig Mitgefühl, denn sie teilt Marianne nicht direkt mit, dass ihr Kind tot sei, sondern dass »Gott der Allmächtige […] es mit seinem unerforschlichen Willen so gewollt [hat], dass Sie, wertes Fräulein, kein Kind mehr haben sollen« (S. 100). Selbst als Marianne plötzlich in der Wachau auftaucht, um Leopold zu holen, informiert die Großmutter sie nicht persönlich, sondern gibt ihr den noch nicht abgeschickten Brief zu lesen.

Anstrich von Moralität

Mit der Großmutter entlarvt Horváth ein kleinbürgerliches Bewusstsein, das sich den Anstrich von Moralität gibt (etwa im Hinblick auf die ›heilige

Ehe‹), das letztlich aber brutal und egoistisch ist und völlig ohne Mitleid, wenn es um den Schutz der eigenen Belange geht.

Freund Alfreds

Nutzt Frauen aus

Dubiose Verbindungen ins ›Milieu‹

Der Hierlinger Ferdinand. Als Figur gewinnt Alfreds Freund Ferdinand nur wenig eigene Kontur, für die Handlung ist er aber überaus wichtig. Laut Alfred ist er ein »hochanständiger Kaufmann« (S. 8), was man freilich bezweifeln darf, denn auch Ferdinand scheint sich vor allem mit Pferdewetten gut auszukennen (vgl. S. 11). Immerhin ist er aber so erfolgreich, dass er ein »Kabriolett« fährt (vgl. S. 7). Seine Einstellung zu Frauen ist wie die der anderen Männer hauptsächlich am Nutzen orientiert: Alfred macht er Vorhaltungen, dass er nicht bei Valerie geblieben sei, denn mit ihr wäre er »heut versorgt und ohne Sorgen!« (S. 50). Auf Alfreds Bitte hin, er möge ihm helfen, aus »dieser unglückseligen Bindung« (S. 50) mit Marianne herauszukommen, bringt er die entscheidende Idee ein, die erneut von seinem schlechten Frauen- und Menschenbild zeugt: Marianne solle arbeiten, denn das werde ihre Beziehung zu Alfred verlässlich zerstören (S. 51). Der »Beruf« (S. 51), den Ferdinand dann Marianne besorgt, ist überaus zweifelhaft: Er vermittelt sie, die er sich »[e]twas molliger« (S. 50) vorgestellt hatte, als Nackttänzerin an eine »Baronin mit internationalen Verbindungen« (S. 51). Dafür verlangt er von dieser »Gefälligkeit gegen Gefälligkeit« (S. 54).

Die Baronin (und ihre Schwester Helene). Auch die Baronin und ihre Schwester gewinnen wenig eigenständige Kontur, sind aber offenbar als Typen für Horváth wichtig: Denn eine kurze Szene, die für den Fortgang der Handlung eigentlich nicht nötig wäre, spielt bei den beiden Adligen und dient der skizzenhaften Darstellung der Figuren. Auch wenn man nicht sicher sein kann, dass sie wirklich eine Adlige ist – ›Baronin‹ war eigentlich auch vor 1918 in Österreich kein offizieller Titel außer für ungarische Träger einer Baronie –[21], darf man die Figur der Baronin als Kommentar Horváths zum Verfall der einstigen Elite nehmen: Vorrangig hierfür ist natürlich, dass die Baronin, die unter einer kosmetischen Gesichtsmaske auftritt (S. 53), in ziemlich zwielichtige Geschäfte verwickelt ist. Aber auch Helenes Blindheit, die diese orientierungslos wirken lässt, ist ein bitterböser Kommentar auf den Adel. Entsprechend dazu sind Helenes Fähigkeiten, aus der Hand zu lesen, äußerst limitiert, denn ihre Vorhersage, dass Marianne »noch viel Freud haben« und dass aus dem Jungen »schon noch was Richtiges« (S. 54) werde, erweisen sich schon bald als völlig falsch.

■ Gefallener Adel (?)

21 Die Anrede »Baronin« kann in Österreich (vor allem nach der Abschaffung der Monarchie) auch eine reine Höflichkeitsgeste (mit deutlich ironischem Unterton) sein, wie auch das im Stück immer wieder vorkommende »von«, das vor einen bürgerlichen Nachnamen gesetzt wird.

Der Mister. Bei dem (Wahl-)Amerikaner handelt es sich um einen in Wien geborenen »Jugendfreund« des »in Sibirien vermissten Bruders« (S. 70) des Rittmeisters. Es ist bezeichnend, dass er schon bei seinem ersten Auftritt aus auktorialer Sicht als »besoffen« (S. 72) beschrieben wird. Besoffen ist er offenbar nicht nur vom Alkohol, sondern auch von den Klischees, die sein Weltbild zu formen scheinen:

Hang zu Klischees

> »Amerika! New York! Chicago und Sing-Sing! – Äußerlich ja, aber da drinnen klopft noch das alte biedere treue goldene Wiener Herz, das ewige Wien – und die Wachau – und die Burgen an der blauen Donau. – *(Er summt mit der Musik.)* Donau so blau, so blau, so blau –« (S. 72)

Der Mister ruft alle abgedroschenen Bilder und Lieder wieder auf, die die Gattung des ›alten‹ Volksstücks kennzeichneten, auf das Horváth sich mit seinem Drama bezieht und das er mit seiner abgewandelten Variante hinter sich lassen will. Es ist kein Wunder, dass diese Klischees von jemandem artikuliert werden, der nicht (mehr) zur Realität des ›echten‹ Wien gehört, sondern der nur noch aus der Ferne auf die glänzende Oberfläche blickt.

Aber auch der Mister selbst ist nur eine fleischgewordene Illusion: Er scheint zunächst lebensfroh und glücklich, flirtet mit der »Wildkatz« (S. 76) Valerie, doch bekennt dann: »Ich bin nämlich innerlich tot. Ich kann halt nur mehr mit den Prostituierten was anfan-

Innerlich tot

gen – das kommt von den vielen Enttäuschungen, die ich schon hinter mir hab« (S. 77). Valerie missdeutet dieses Bekenntnis des schwergewichtigen Mannes (»[z]weihundertachtzehn Pfund«) als Ausdruck einer »zarte[n] Seele« (S. 77). Dass diese Beurteilung falsch ist, zeigt sich für den Zuschauer/Leser spätestens, als der Mister Valerie kurz darauf wütend boxt – und später auch Marianne eine Ohrfeige verpasst und sie als »blöde Hur« (S. 84) beschimpft.

4. Form und literarische Technik

Paratexte: Peri- und Epitexte

Eine Analyse von Form und Technik eines literarischen Werks sollte auch bei einem Drama immer ihren Ausgang bei den sogenannten Paratexten nehmen: So nennt der französische Literaturwissenschaftler Gérard Genette jene »Beitexte«, die nicht unmittelbar zum Haupttext – hier also zu dem, was die Figuren im Drama sagen – gehören.[22] Genette unterscheidet bei den Paratexten noch einmal zwischen den buchnahen Peritexten (etwa Titel, Motto, Figurenverzeichnis, Szenen- bzw. Kapitelüberschriften) und den buchfernen Epitexten (etwa Interviews des Autors, Tagebucheinträge, Briefe, Essays und Verlagswerbungen, die sich auf das konkrete Werk beziehen).

Bruch bereits im Titel

Die Peritexte bei Horváths *Geschichten aus dem Wiener Wald* sind tatsächlich aufschlussreich: Das geht schon beim Titel los, denn der Autor (und später auch die Verlage, die das Stück publizieren, sowie die Theater, an denen das Stück gespielt wird) entscheidet sich für eine Getrenntschreibung des Namens jenes Mittelgebirges, das am Nordostende der Alpen in Niederösterreich und Wien liegt: »Wiener Wald« statt »Wienerwald«, wie es korrekt heißen würde. Damit verringert Horváth zum einen den konkreten geographischen Bezug und gibt dem Leser/Zuschauer zum anderen die Möglichkeit, eigene Assoziationen

22 Vgl. dazu Gérard Genette, *Paratexte. Das Buch vom Beiwerk des Buches*, übers. von Dieter Hornig, Frankfurt a. M. / New York 1992.

zum Titel zu entwickeln: Der Zwischenraum zwischen »Wiener« und »Wald« kann z. B. wie eine Disruption, ein Bruch mit dem Üblichen, wirken. Und genau das liefert das Drama ja: Denn die Angabe »Volksstück« im Untertitel weckt Gattungserwartungen, die Horváth konsequent bricht.

Als Gegenentwurf zum höfischen Theater gab es das Volkstheater und das Volksstück – gerade in Wien – bereits im 18. und 19. Jahrhundert. Es sollte Menschen Unterhaltung bieten, die keinen Zugang zu den anderen Orten der Dramenaufführungen hatten, an denen Tragödien, Opern und Ballett mit vorwiegend aristokratischem Figurenensemble dargeboten wurden. In der Regel spielten die Volksstücke im kleinbürgerlichen Milieu, waren oft lustig und neigten zum Happy End, sie enthielten Musik und waren nicht selten vom Dialekt geprägt. Besonders in Wien sorgte die staatliche Zensur von Texten im 19. Jahrhundert dafür, dass die Stücke weitgehend harmlos und bisweilen ›naiv‹ blieben und nur wenig Gesellschaftskritik geübt wurde. Horváth bricht – wie einige andere auch – mit dieser Tradition und macht aus dem »krude[n] und anspruchslose[n] Theater« (Bertolt Brecht) geradezu ein »Antivolksstück« (Theodor W. Adorno).[23] Zu seinem Vorhaben sagt Horváth selbst: »Mit vollem Bewusstsein zerstöre ich nun das alte Volks-

■ Neues Volksstück

23 Bertolt Brecht, »Anmerkungen zum Volksstück«, in: *Schriften zum Theater*, hrsg. von Werner Hecht, Bd. 4: *1933–1947*, Frankfurt a. M. 1963, S. 140. – Theodor W. Adorno, »Reflexion über das Volksstück«, in: *Gesammelte Schriften*, hrsg. von

Gesellschafts- und Sozialkritik

Drei Teile

Handlungszeit: zwei Jahre

stück, formal und ethisch -- und versuche die neue Form des Volksstücks zu finden. Dabei lehne ich mich mehr an die Tradition der Volkssänger und Volkskomiker an, denn an die Autoren der klassischen Volksstücke.«[24] In Horváths neuen Volksstücken ist die Gesellschafts- und Sozialkritik zentral, es werden die falschen Werte der Kleinbürger radikal entlarvt, die Entfremdung und die Kommunikationslosigkeit drastisch vorgeführt und es wird gezeigt, was unter der Oberfläche der (Schein-)Moral brodelt und zum Ausbruch drängt. Horváth geht es, wie bereits erwähnt, um nichts Geringeres als die »Demaskierung des Bewusstseins«[25].

Die im Untertitel erwähnten »drei [] Teile[]« der *Geschichten aus dem Wiener Wald* sind unterschiedlich lang: Der erste und der dritte Teil gleichen sich etwa in der Länge (ca. 35 Seiten), der zweite Teil ist um rund 30% kürzer (25 Seiten), trotzdem hat der zweite Teil deutlich mehr Szenen (7) als der erste und dritte (jeweils 4 Szenen). Die Handlung erstreckt sich auf etwa zwei Jahre: »Zwischen Frühling und Sommer des einen Jahres beginnen die ›Geschichten‹ (erster Teil). Genau ein Jahr danach setzen sie sich fort (zweiter Teil) [...] und laufen dann im dritten Teil aus zwischen dem Herbst des gleichen Jahres (›Beim Heurigen‹) und dem nachfolgenden Frühjahr. Aller-

Rolf Tiedemann, Bd. 11: *Noten zur Literatur*, Frankfurt a. M. 1974, S. 693.

24 Horváth (s. Anm. 1), S. 219.

25 Ebd., S. 216.

dings ist der Zeitrahmen wenig bedeutsam, da sich […] die Handlung im Kreis bewegt.«[26] Am Ende der ersten beiden Teile hat Marianne jeweils das letzte Wort: Während ihr Ausruf »Von dir möcht ich ein Kind haben« (S. 41) zum Schluss des ersten Teils ihre Hoffnung ausdrückt, steckt in ihrem finalen Stoßseufzer im zweiten Teil ihre ganze Verzweiflung (»was hast du mit mir vor, lieber Gott?«, S. 67). Den dritten Teil beschließt bezeichnenderweise Oskar (»Dann komm«, S. 103), der die wehrlose und endgültig zerstörte Marianne von der Bühne führt.

■ Letzte Worte

Insgesamt folgt das Drama – trotz der beschriebenen inhaltlichen Kreisbewegung – einem eher klassischen Aufbau, den man mit dem fünfteiligen Modell von Gustav Freytag beschreiben kann (aber nicht muss):[27] Einer Exposition (Einführung der Figuren/Grundkonstellationen) folgt die Steigerung der dramatischen Handlung (Lösung der Verlobung von Oskar und Marianne; neue Beziehung zwischen Alfred und Marianne; Bruch der Beziehung zwischen Zauberkönig und seiner Tochter), die an einen Wende-

■ Kreisbewegung – und trotzdem nahe an ›klassischer‹ Form

26 Theo Buck, »Ödön von Horváth: *Geschichten aus dem Wiener Wald*«, in: *Interpretationen. Dramen des 20. Jahrhunderts*, Stuttgart 1996, S. 373–398, hier S. 385.

27 Vgl. Gustav Freytag, *Die Technik des Dramas*, hrsg. von Klaus Jeziorkowski. Stuttgart 1993 [1863]. Es muss betont werden, dass Horváth sich keiner klassischen ›Bauanleitung‹ bediente, sondern solche traditionellen Muster (hier für die klassische Tragödie) immer auch unterläuft. Trotzdem eignet sich das Modell an dieser Stelle gut, um die Handlung zu strukturieren.

punkt gerät, als Alfred auf mehreren Ebenen versucht, die Verbindung zu Marianne zu lösen (Kind zu seiner Mutter und Großmutter; ›Beruf‹ für Marianne; Versuch, ins Ausland zu gehen). Als retardierendes Moment (Verzögerung der Katastrophe bzw. Andeutung einer glücklichen Lösung) kann die Versöhnung zwischen Marianne und ihrem Vater und ihr Versuch, ihren Sohn wieder zu sich zu nehmen, gesehen werden. Die Katastrophe tritt natürlich mit dem Tod des kleinen Leopold ein – und mit der Aufgabe Mariannes, die sich in ihr Schicksal fügt und mit einem Mann abgeht, der sie noch kurz davor gewürgt hat.

Der Peritext zu Anfang des Dramas liefert nicht nur den Titel, den Untertitel mit Gattungszuweisung und die Angabe zur Grobstruktur des Dramas, sondern hält nach dem Verzeichnis der Figuren (in der Reihenfolge ihres Auftretens) und der Angabe, wann und wo das Stück spielt (»in unseren Tagen; und zwar in Wien, im Wiener Wald und draußen in der Wachau«) auch ein Motto bereit, das von Horváth selbst stammt: »Nichts gibt so sehr das Gefühl der Unendlichkeit als wie die Dummheit« (S. 6). Tatsächlich kommt der Begriff »dumm« im Drama auch genau 20 Mal vor und ist damit zentral. Auffallend ist dabei, dass fast immer Männer Frauen als dumm bezeichnen – und sich damit selbst entlarven. Noch viel öfter kommt freilich ein anderes Wort in dem Drama vor: »Stille«. Nicht nur ist einer der drei zentralen Handlungsorte passenderweise die »Stille Straße« (die es im realen Wien nicht gab bzw. gibt, der Name ist also kein Zufall),

■ Motto

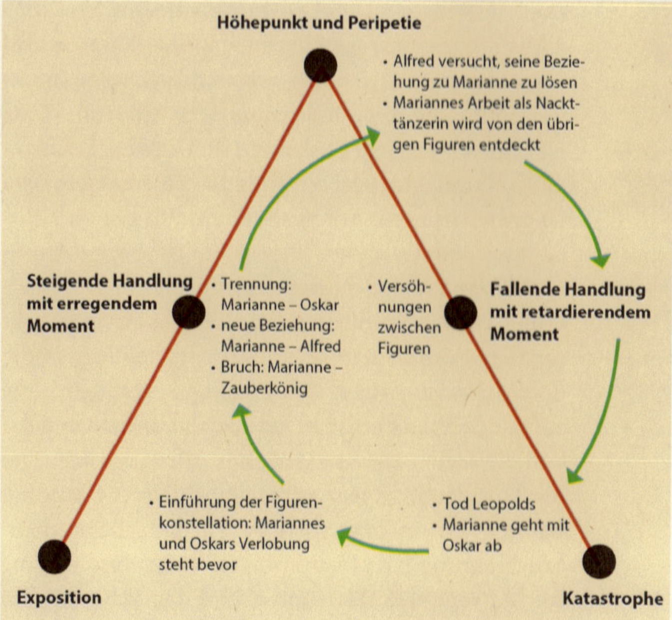

Abb. 5: Der Aufbau der Handlung, der einer Kreisbewegung folgt und zugleich nach Gustav Freytags fünfteiligem Modell strukturiert werden kann

sondern gleich 136 Mal heißt es in der Regieanweisung, dass »Stille« herrschen solle. Immer wieder werden die Dialoge unterbrochen durch das – paradox formuliert – sprechende Schweigen der Protagonisten. Hinzukommt noch 21 Mal die Regieanweisung »Pause«. Die Vielzahl von »Stillen« und »Pausen« illustriert, wie sehr die Figuren voneinander getrennt

136 Mal »Stille«

sind, wie oft sie aneinander vorbeireden bzw. sich schlicht nichts zu sagen haben, das über Phrasen hinausgehen würde. Horváth selbst erklärte seine Intention hinter der Regieanweisung der »Stille« so: »Bitte achten Sie genau auf die Pausen im Dialog, die ich mit ›Stille‹ bezeichne – hier kämpft das Bewusstsein oder Unterbewusstsein miteinander, und das muss sichtbar werden.«[28]

Kampf des Bewusstseins gegen das Unterbewusstsein

Während diese Regieanweisungen noch einfach umzusetzen sein dürften, wird es bei anderen auktorialen Kommentaren für Schauspieler/Regisseure durchaus schwieriger, wenn nicht gar unmöglich, sie auf der Bühne sichtbar zu machen: so etwa, wenn davon die Rede ist, dass die Mutter Alfred ein »*schärferes* Messer« (S. 7, Hervorhebung durch S. F.) bringt oder der Rittmeister »bereits seit dem Zusammenbruch pensioniert« (S. 14) ist. Durch die Verwendung solcher »epischen Elemente« wird deutlich, dass das Stück nicht nur für eine traditionelle Aufführung konzipiert wurde, sondern in gewisser Hinsicht auch ein ›Lesedrama‹ ist.[29]

Epische Elemente

›Lesedrama‹

Zu den Vorgaben an die Regie gehört auch der Einsatz der Musik, die häufig mit ihren heiteren Melodien und beschwingten Walzerklängen sowie den harmonischen Liedtexten in starkem Kontrast zur Handlung steht. Damit verwendet Horváth erneut ein Mittel des ›alten‹ Volksstücks und setzt es deutlich anders ein: Während die Musik in den traditionellen Volksstü-

Musik als Irritation

28 Horváth (s. Anm. 1), S. 220.
29 Vgl. dazu auch Kap. 6 »Interpretationsansätze«.

cken dazu diente, die Zuschauer mit der Handlung zu verbinden (und vielleicht sogar zum Mitsingen und -summen zu aktivieren), ist die Musik bei Horváth häufig ein Mittel zur Irritation – die umso mehr hervorgerufen wird, wenn die heiteren Klänge »auf einem ausgeleierten Klavier« (S. 14) gespielt werden.

Auch in der Sprache der Figuren entfernt sich der Autor deutlich von der Tradition. Dezidiert will er keine Dialekte wiedergeben, wie er in seinem Text *Gebrauchsanweisung* (1932) schreibt. Statt diese zu verwenden, spreche das Kleinbürgertum nämlich im Bildungsjargon, den so auch Horváth seinen Figuren in den Mund legt, um den »heutigen Menschen realistisch schildern zu können. [...] Es darf kein Wort Dialekt gesprochen werden! Jedes Wort muss hochdeutsch gesprochen werden, allerdings so, wie jemand, der sonst nur Dialekt spricht und sich nun zwingt, hochdeutsch zu reden.«[30] Auf diese Weise ergebe sich der Dialog des ›neuen‹ Volksstücks, der Ernst und Ironie verbinde.

■ Kein Dialekt ...

Als »Bildungsjargon« bezeichnet man die gekünstelt wirkende (Umgangs-)Sprache von Menschen, die sich um die Zugehörigkeit zum Bildungsbürgertum bemühen, sich dabei aber selbst als nicht zugehörig entlar-

30 Horváth (s. Anm. 1), S. 219. – Die »noch hörbare, aber eben nicht mehr tragende, also ›verdrängte‹ Mundart« zeigt nach Peter Wapnewski, dass die Figuren »ihren Ursprung verloren haben – und dieser Verlust muss noch merkbar sein im Vorzeigen, hörbar sein im Nachklingen des Ursprungs.« Wapnewski (s. Anm. 4), S. 20 f.

ven, weil die von ihnen verwendeten (prestigeträchtigen) Zitate, Floskeln oder (Fach-)Begriffe nicht in den Kontext passen, oft missverständlich oder schlicht zu häufig verwendet werden. Die Beispiele hierfür aus den *Geschichten* sind zahlreich – und die Figuren thematisieren sogar selbst ihren so hohlen, bildungsbeflissenen Jargon: »Gott, seid ihr gebildet« (S. 97), kommentiert Marianne ironisch, als Oskar (nicht ganz korrekt) Goethe zitiert. »Das sind doch nur Kalendersprüch!«, entgegnet dieser und zeigt dadurch, dass er sich der ›Qualität‹ seiner Zitate bewusst ist. Der Germanist Klaus Kastberger fasst den Effekt des im Drama verwendeten Bildungsjargons in die griffige Formulierung: »Den gesamten Text grundiert ein Tonfall, der nach Höherem strebt und dabei gerade das Niedrigste zur Geltung bringt.«[31]

■ … aber hohle Phrasen

31 Klaus Kastberger, »Nachwort«, in: Ödön von Horváth, *Geschichten aus dem Wiener Wald. Volksstück*, hrsg. von Klaus Kastberger und Nicole Streitler, Stuttgart 2009, S. 220–243, hier S. 235.

5. Quellen und Kontexte

Das Drama *Geschichten aus dem Wiener Wald* verdankt sich einem langen Entstehungsprozess und »basiert […] auf einem Textcluster«[32], d. h. es enthält Textbausteine und -konstellationen, die schon in unterschiedlichen Vorstufen des Stücks vorhanden waren. Denn Horváth beschäftigte sich schon relativ lange mit dem Themenkomplex »Mädchenhandel/Prostitution«,[33] der auch in den *Geschichten aus dem Wiener Wald* eine Rolle spielt, wenngleich keine ganz zentrale. Anfang des 20. Jahrhunderts war die »white slavery«, wie man diese Art Menschenhandel auch nannte, in aller Munde: Selbst der Völkerbund (ein Vorläufer der heutigen Vereinten Nationen) widmete dem Problem mehrere internationale Konferenzen, die helfen sollten, die Verschleppung von jungen Frauen und ihre anschließende Ausbeutung in Bordellen zu unterbinden.[34] Horváth interessierte sich für die Zwangsprostitution vor allem als eine extreme

■ Textcluster

■ Thema Mädchenhandel

32 Ebd., S. 222. Den Forschungen Kastbergers wird in diesem Kapitel weitgehend (aber auch stark verkürzt) gefolgt.

33 Vgl. Traugott Krischke/Hans F. Prokop (Hrsg.), *Ödön von Horváth. Leben und Werk in Daten und Bildern*, Frankfurt a. M. [u. a.] 1977, S. 55.

34 Historisch betrachtet war der Mädchenhandel in der damals diskutierten Form aber eine »Fiktion«, wie Dietmar Jazbinsek in einer Studie des Wissenschaftszentrums Berlin für Sozialforschung betont. Vgl. Dietmar Jazbinsek, »Der internationale Mädchenhandel. Biographie eines sozialen Problems«, Berlin 2002 (www.econstor.eu/obitstream/ 10419/ 49624/1/352354615.pdf).

Form des Patriarchats im Zusammenspiel mit dem Kapitalismus: Auch seine Figur Marianne wird in den *Geschichten aus dem Wiener Wald* letztlich Opfer dieser beiden Kräfte.

Vorstufen

Im Juli 1929 legte Horváth beim Ullstein Verlag zunächst ein Drama vor, das den Titel *Rund um den Kongreß* trug. Es handelte sich um eine Posse (derbe Komödie), die die fehlgeleiteten Versuche des Völkerbundes, den Mädchenhandel mittels Konferenzen einzudämmen, karikierte. Der Verlag hatte an dem Stück kein Interesse, sodass Horváth noch einmal neu ansetzte, dabei aber Versatzstücke aus dem ersten Versuch weiter nutzte. Daraus entstanden wiederum Entwürfe zu einem neuen Stück mit dem Titel *Die Mädchenhändler* bzw. *Von Kongreß zu Kongreß*, in dem »der Fokus von der parodistischen Schilderung des Kongressgeschehens genommen und verstärkt auf das Schicksal der weiblichen Hauptfigur gelenkt« wurde.[35]

In einem weiteren Konzept für ein Drama mit dem Titel *Elisabeth, die Schönheit von Thüringen* näherte sich Horváth weiter der Grundkonstellation der *Geschichten aus dem Wiener Wald* an: Hier spielt bereits die Geburt eines Kindes eine Rolle und eine junge Frau erlebt den Abstieg aus der bürgerlichen (Berufs-) Welt in die Niederungen einer ›Animierkneipe‹, in der sie als Kellnerin arbeiten muss. Am Ende des Stü-

35 Kastberger (s. Anm. 31), S. 223.

ckes wird sie von einem Betriebsrat ›bekehrt‹, und das heißt hier: sexuell verführt.

Neben weiteren Vorstufen und Texten, die inhaltlich verwandt sind, war es vor allem auch Horváths Romanprojekt *Der ewige Spießer* (1930), das Einfluss auf die *Geschichten aus dem Wiener Wald* nehmen sollte. Auch dort geht es im zweiten Teil – unter dem anspielungsreichen Titel »Fräulein Pollinger wird praktisch« – um Prostitution. Der Roman lieferte auch für das Dramenfragment *Die Schönheit aus der Schellingstraße*, das Horváth 1931 entwarf, wichtige Anregungen (u. a. den Handlungsort). Schon bei einer groben Inhaltszusammenfassung der sieben Bilder dieses nicht fertiggestellten Dramas erkennt man die Nähe zu den *Geschichten*: »Erst wird [die Protagonistin Irene] überredet, ihre ›Schönheit‹ als Tänzerin zu nutzen, dann erhält sie ›Bei der Ballettmeisterin‹ einen Vertrag und wird ›Mannequin‹. Weil sie schwanger ist und sich bereits als ›Mutter‹ fühlt, unterliegt sie in einer Schönheitskonkurrenz und arbeitet nach dem Tod des Kindes in einem ›Animierlokal‹. Dort trifft sie den ›Spießer‹ Friedrich wieder, den sie in der ersten Szene verlassen hatte, ›und kehrt zu ihm zurück‹.«[36] Auch diese Konzeption überarbeitete Horváth noch einmal gründlich, er verlegte die Handlung nach Wien und schuf so »einen Raum für die Einpassung neuer und höchst wirkungsvoller Klischees«, indem er die »süddeutsche[] Herzigkeit« und Traditio-

Der ewige Spießer

36 Ebd., S. 225.

»Hofrat-Konzeption«

nen vorführte;[37] auch strich er einzelne Figuren oder benannte sie um. Aus der Figur des Vaters wurde ein Hofrat, weshalb die so entstandene Fassung »Hofrat-Konzeption« genannt wird. Diese ist den *Geschichten aus dem Wiener Wald* schon sehr ähnlich, eine vergleichende Lektüre legt dennoch interessante Unterschiede in den Details, etwa der Dialogführung, frei: »So wird in der Endfassung sprachlich vielfach umspielt, was Horváth in der frühen Fassung in direkter Weise zu vermitteln suchte [...]. Auch von den weitschweifigen Dialogen der frühen Fassung bleibt am Ende oft nur ein einziger Satz übrig. Gerade diese Sätze aber sind bei Horváth entscheidend, denn losgelöst aus den Zusammenhängen, an die sie ehemals gebunden waren, entfalten sie dann eine umso größere Wirkung.«[38]

Horváth arbeitete bis kurz vor der Uraufführung noch an seinen *Geschichten aus dem Wiener Wald* (seine Korrekturen im hektographierten Stammbuch sind erhalten),[39] offenbar auch, weil er unbedingt die Motive seines Werks genau verstanden

37 Kastberger (s. Anm. 31), S. 226. – Peter Wapnewski sieht im Handlungsort Wien bzw. Österreich eine wichtige Setzung: »Ein Staat, angesiedelt im Herzen Europas, voller landschaftlicher und gemüthafter Reize, reich versehen mit seelischen Werten und traulichen Traditionen, darüber gebreitet eine Art von leicht faßlichem Humor. Die Menschen darin bewegt von jener Form süddeutscher Herzigkeit, die eine besonders mörderische Variante des Deutschen ist.« Wapnewski (s. Anm. 4), S. 17.

38 Kastberger (s. Anm. 31), S. 227 f.

39 Vgl. ebd., S. 229.

DEUTSCHES THEATER

Anfang 7½ Uhr — Ende nach 10 Uhr

Montag, den 2. November 1931

Uraufführung

Geschichten aus dem Wiener Wald

Ein Volksstück in 3 Teilen (15 Bildern)

von

Oedön Horváth

Regie: **Heinz Hilpert**

Bühnenbilder: Ernst Schütte

Abb. 6: Programmzettel der Uraufführung der *Geschichten aus dem Wiener Wald* von Ödön von Horváth am 2. November 1931 am Deutschen Theater Berlin unter der Regie von Heinz Hilpert. – Wikimedia Commons / Darldarl

wissen wollte. Dennoch hatte er nach der Premiere das Gefühl, dass sein Drama – nicht zuletzt durch sein eigenes Verschulden – falsch inszeniert würde und daher »eine Unzahl von Missverständnissen naturnotwendig entstehen«[40] musste. Horváth sah sich deshalb gezwungen, eine *Gebrauchsanweisung* für seine Stücke zu verfassen, in der er sich zu seiner prinzipiellen Dramenkonzeption äußerte und den Regisseuren dezidierte Vorschriften zu den Inszenierungen machte – die bis heute noch weitgehend befolgt werden.[41]

Gebrauchsanweisung

40 Horváth (s. Anm. 1), S. 215.

41 Vgl. dazu Kap. 4 »Form und literarische Technik« und Kap. 6 »Interpretationsansätze«.

Erneuerung des alten Volksstücks

Dort begründete er auch noch einmal, warum er sich eigentlich der Gattung des Volksstücks zuwandte: Ihm schwebe »so etwas wie eine Fortsetzung, Erneuerung des alten Volksstückes vor [...] – also eines Stückes, in dem Probleme auf eine möglichst volkstümliche Art behandelt und gestaltet werden, Fragen des Volkes, seine einfachen Sorgen, durch die Augen des Volkes gesehen. Ein Volksstück, das im besten Sinne bodenständig ist und das vielleicht wieder Anderen Anregung gibt, [...] um ein wahrhaftiges Volkstheater aufzubauen, das an die Instinkte und nicht an den Intellekt des Volkes appelliert.«[42] Dieser Anspruch an ein neues Volksstück hat Folgen für Horváths Dramen, vorrangig im Hinblick auf das Personal: »Nun besteht aber Deutschland, wie alle übrigen europäischen Staaten zu neunzig Prozent aus vollendeten oder verhinderten Kleinbürgern, auf alle Fälle aus Kleinbürgern. Will ich also das Volk schildern, darf ich natürlich nicht nur die zehn Prozent schildern, sondern als treuer Chronist meiner Zeit, die große Masse. Das ganze Deutschland muss es sein!«[43] Dieses Milieu wird für Horváth – wie bereits erläutert – besonders durch den Bildungsjargon und nicht den Dialekt gekennzeichnet, weshalb er diesbezüg-

42 Horváth (s. Anm. 1), S. 218.

43 Ebd., S. 219. – Besonders nationalsozialistische Kritiker lehnten diesen Anspruch Horváths, etwas über und für das deutsche Volk auszusagen, radikal ab. Vgl. dazu das Kap. 8 »Rezeption«.

lich eine entsprechende Anweisung an die Regisseure richtete.

Im Hinblick auf weitere »Todsünden« der Regie, die ihm bis dahin bei der Inszenierung seiner Stücke aufgefallen waren, weist er entschieden darauf hin, dass seine Stücke nicht parodistisch seien. Keine seiner Figuren dürfe »als Karikatur gespielt werden«, noch sei das Bühnenbild karikierend darzustellen, sondern »möglichst einfach bitte, vor einem Vorhang, mit einer wirklich primitiven Landschaft, aber schöne Farben bitte«. Allerdings sei es notwendig, dass seine Dramen »stilisiert« gespielt würden, also nicht die Wirklichkeit nachbildeten, sondern diese nur in den wesentlichen Grundstrukturen darstellten: »Naturalismus und Realismus bringen sie um – denn dann werden es Milljöhbilder [Milieubilder] und keine Bilder, die den Kampf des Bewusstseins gegen das Unterbewusstsein zeigen […].«[44]

■ Zu vermeidende »Todsünden« der Regie

Wichtig war Horváth insbesondere, dass seine Stücke immer als Tragödien erkannt würden. Außerdem seien sie, wenngleich sie auch nicht parodistisch oder karikierend wirken sollten, doch »komisch, weil sie unheimlich sind. Das Unheimliche muß da sein.«

■ Alle Stücke = unheimliche Tragödien

44 Ebd., S. 220.

6. Interpretationsansätze

Horváths neues Volksstück

Eine Interpretation der *Geschichten aus dem Wiener Wald* wird in der Regel bei der Gattungsbezeichnung beginnen, die Horváth seinem Drama als Untertitel gab: Mit der Bezeichnung »Volksstück« ruft der Autor eine Tradition auf, die beim Leser und Zuschauer eine gewisse Erwartung wecken muss. Vor den »Revolutionären des Volksstücks«, zu denen vor allem Bertolt Brecht und Ödön von Horváth gehörten,[45] galt das Volksstück nämlich vor allem als Unterhaltungsmedium, das Stoffe aus dem Milieu der Kleinbürger behandelte, in dem Musik vielfältig eingesetzt und häufig Dialekt gesprochen wurde und letztlich ein harmonisches Weltbild vorherrschte, das sich nicht selten mit drastischer Komik verband. Ein glückliches Ende gehörte dabei ebenso häufig dazu wie – zumindest in der Wiener Variante – die Feier der sprichwörtlich gewordenen »Gemütlichkeit«. Auch wenn man die durchaus vorhandene Komplexität der (Wiener) Volksstücke nicht unterschätzen sollte, wird ihre prinzipielle Zugänglichkeit auch daran deutlich, wo sie ihre Zuschauer fanden: Eine der beliebtesten Wiener Volksbühnen war z. B. im »Wurstelprater«, wie

45 Zu denen u. a. auch Marieluise Fleißer (1901–1974), Carl Zuckmayer (1896–1977) und – deutlich später – Franz Xaver Kroetz (geb. 1946) zählen.

der große Vergnügungspark in Wien inoffiziell genannt wird.

Bruch mit Gattungserwartung

Horváth räumt nun mit diesem alten – und nicht selten naiven – Volksstück gründlich auf, er »bereitet [...] den mit der Volksstücktradition verbundenen Erwartungen und Wunschphantasien des Publikums eine geradezu schmerzhafte Abfuhr«[46]: An die Stelle der Harmonie tritt Disruption, an die der harmlosen Komik eine, die vor allem »unheimlich«[47] wirkt: Man mag darüber lachen, wie sich Alfred in der ersten Unterhaltung mit Marianne verrät, als er bekennt, er wolle »gar nichts aus [ihr] herausziehen. Im Gegenteil« (S. 27), doch wird einem das Lachen auch bald wieder vergehen, wenn man sieht, mit welcher Skrupellosigkeit er sie sexuell ausbeutet und dann versucht loszuwerden. Entsprechend charakterisierte der Theaterkritiker Günther Grack das Drama anlässlich einer Aufführung aus dem Jahr 1967 treffend als »[e]in Stück, in dem viel gelacht wird – auf der Bühne und im Parkett –, und das doch frieren macht«.[48] Dieses Lachen ist allenfalls »ein tief schwarzes Lachen«, das einen »kritischen Abstand«[49] des Zuschauers/Lesers auf das vorgeführte Geschehen schafft.

Keine Gemütlichkeit – und keine Harmonie

»Schwarzes Lachen«

Auch eine Versöhnung, wie sie sonst im Volksstück regelmäßig vorkommt, gibt es hier am Ende nur

46 Buck (s. Anm. 26), S. 382.
47 Horváth (s. Anm. 1), S. 220.
48 Günther Grack, »Da hört die Gemütlichkeit auf«, in: *Der Tagesspiegel*, 23. April 1967. Zit. nach: Buck (s. Anm. 26), S. 381.
49 Buck (s. Anm. 26), S. 395.

scheinbar: Marianne kehrt zwar zu ihrem ursprünglichen Verlobten Oskar zurück, für den sich nunmehr »alles so eingerenkt hat« (S. 103), doch der Zuschauer/Leser weiß mittlerweile, was das heißt: Oskar ist ein scheinheiliger Sadist[50], mit dem Marianne garantiert nicht glücklich werden wird – und sie hat mit ihrem Sohn Leopold den einzigen Menschen verloren, den sie wirklich liebt. Das Drama endet somit als Tragödie oder, wie der Literaturwissenschaftler Theo Buck pointiert formuliert, mit »eine[r] Art Hinrichtung«[51].

■ »Hinrichtung« statt Happy End

Überall lauern in dem Stück hinter der (klein-)bürgerlichen Fassade der Wohlanständigkeit Abgründe. Mitmenschlichkeit und Anteilnahme werden vorgetäuscht, in Wahrheit zeichnen sich die Charaktere dieses neuen Volksstücks durch Bösartigkeit, Egoismus und Gewalt aus. »Das Motto der Handlung könnte lauten: Leben und leiden lassen.«[52] Keiner ist der, der er zu sein scheint: Der Zauberkönig etwa spielt sich als Moralapostel auf und ist doch in Wirklichkeit ein Busengrapscher und Voyeur, der auch vor jungen Mädchen nicht haltmacht. Horváth geht es insgesamt um die – bereits erwähnte – »Demaskierung des Bewusstseins«[53] seiner Kleinbürger, die er als Typen anlegt und somit als repräsentative Vertreter ihrer

■ Abgründe der Figuren

■ »Demaskierung des Bewusstseins«

50 Es ist bezeichnend, dass Oskar gerade das am Ende des Stückes vehement verneint: »Ich bin doch kein Sadist!« (S. 102). Seine implizite Selbsterkenntnis verbirgt sich hier hinter der expliziten Negation.

51 Buck (s. Anm. 26), S. 377.

52 Ebd.

53 Horváth (s. Anm. 1), S. 216.

Schicht erscheinen lässt. Dabei verdeutlicht er die Abgründe verschiedener Figuren noch einmal durch Komplementärfiguren oder besser »Suppositionsfiguren«[54], welche die Charakterzüge der jeweiligen Figuren ergänzen bzw. noch intensivieren: In den Suppositionsfiguren kommen »die bestialischen Züge der Hauptfiguren unverstellt zur Geltung [...]. In seinem Gehilfen Havlitschek steigert sich die Brutalität Oskars, im Hierlinger [Ferdinand] die Umtriebigkeit von Alfred, und in der Großmutter findet die Mutter eine Überzeichnung.«[55]

Komplementär- bzw. Suppositionsfiguren

Horváths ›neues‹ Volksstück will also anders als das ›alte‹ nicht unterhalten, sondern verstören, es will entlarven statt bestätigen und aufwecken statt betäuben: Es handelt sich also um »eine Art der Wirklichkeitsdarstellung [...], die mit der Verklärung volkstümlicher Lebensweise nichts zu tun haben will«[56] und die – so Theo Buck – »die Bestie im Menschen«[57] zeigt.

»Bestie im Menschen«

54 Der Begriff stammt von Herbert Gamper, »›Sinds nicht tierisch?‹ Einige der vorbereitenden Überlegungen zum Stück«, in: Ödön von Horváth, *Geschichten aus dem Wiener Wald*, Stuttgart 1975 (Württembergische Staatstheater, Programmbuch 7), S. 8–70, hier S. 46. Zit. nach: Kastberger (s. Anm. 31), S. 233.

55 Ebd.

56 Martina Mehring, »Horváth, Ödön von. Geschichten aus dem Wiener Wald«, in: *Kindler Literatur Lexikon* (www.kll-online.de/). [Kostenpflichtig.]

57 Buck (s. Anm. 26), S. 383. – Dazu passt, dass der Zauberkönig im Drama betont, der Mensch sei mit der Tierwelt verwandt (vgl. S. 76).

Auf dem Weg in den Faschismus

Das »Unheimliche« der Stücke Horváths besteht aus heutiger Sicht auch darin, dass sie schon zwei Jahre vor der Machtübernahme durch die Nationalsozialisten in Deutschland und dem Beginn des Austrofaschismus in Österreich eine Mentalität freilegen, die nicht unwesentlich zur großen Katastrophe des 20. Jahrhunderts beitragen wird: Intoleranz, Sadismus, Skrupellosigkeit und Gewaltbereitschaft unter dem Deckmantel einer bürgerlichen Ordnung werden schon bald Grausamstes anrichten. Beispielhaft für Horváths Entlarvung der präfaschistischen Gesellschaft ist die Szene im »Maxim«, in der zum Militärmarsch »Fridericus rex« drei nackte Mädchen auf der Bühne erscheinen: »[D]ie Erste hält einen Propeller in den Händen, die Zweite einen Globus und die Dritte einen kleinen Zeppelin – das Publikum rast vor Beifall, schnellt von den Sitzen in die Höhe und singt die erste Strophe des Deutschlandliedes […]« (S. 78).[58] Allerdings sind diese Erscheinungen natürlich nicht nur historisch, sondern in mancherlei Hinsicht noch immer von Aktualität. Man muss also auch heute gut hinschauen, was genau von Horváth entlarvt wird und wie er das in den *Geschichten* bewerkstelligt: »Horváth konfrontiert uns mit der generell verbreiteten Reduktion des Denkens und Fühlens, wie sie purem Egoismus entspringt und deswegen nach außen hin als eine dem Bösen zuarbeitende Gleichmacherin wirkt. Gerade diese fatale Beschaffenheit des Be-

58 Siehe hierzu auch Buck (s. Anm. 26), S. 384.

wusstseins ist es nämlich, die aus der kleinbürgerlichen Idylle und Gemütlichkeit permanent die Hölle auf Erden werden lässt.«[59]

Entlarvung des (klein-)bürgerlichen Bewusstseins

Die *Geschichten aus dem Wiener Wald* präsentieren nur scheinbar »lauter ›unbescholtene‹ Mitmenschen«[60], die christliche Werte vertreten und die Institution Ehe hochhalten. Doch tatsächlich handelt es sich dabei lediglich um äußere Normen, die jederzeit von den Figuren unterlaufen werden können, wenn es ihren eigenen Zielen dient. Nur öffentlich in Frage stellen darf man diese Normen nicht und auch nicht radikal mit ihnen brechen: Ein Doppelleben ist also jederzeit möglich, ein echter Ausbruch aus der kleinbürgerlichen Ordnung aber wird hart geahndet. Das ist der Grund, warum Marianne – neben ihrem Kind natürlich – letztlich das einzige Opfer in diesem Drama ist.[61] Sie wird gebrochen, ihr Versuch, das eigene Glück zu suchen, die wahre Liebe zu entdecken, schlägt auf der ganzen Linie fehl: Grotesk deutlich wird ihr Scheitern, als sie nackt und auf einem Bein im »Maxim« ausgerechnet das »Glück« verkörpern

- Doppelleben ja, Ausbruch nein
- Marianne = Opfer der Verhältnisse

59 Ebd., S. 381 f.
60 Ebd., S. 378.
61 In gewisser Hinsicht sind natürlich auch alle anderen Opfer – nämlich ihrer Enthumanisierung und der totalen Entfremdung voneinander.

muss (S. 78 f.). Nicht das Schicksal oder die »Planeten« (S. 97) haben sie zu ihrer fortschreitenden Erniedrigung geführt, sondern die (bürgerlichen) Verhältnisse, aus denen sie zu fliehen versuchte. Die übrigen Figuren bleiben verschont, weil sie »unerschütterlich im fatalen Zeichen von Messer, Gewehr, Blutwurst und sonstiger Dekonstruktionsgelüste«[62] vor sich hin leben. Und weil sie erkennen, was in ihrem System eine »rein menschliche Beziehung […] echt« macht: nämlich »wenn man was voneinander hat. Alles andere ist larifari« (S. 12). Es ist Alfred, der diese Maxime für die anderen Figuren schon früh im Stück artikuliert und damit auch deutlich macht, dass es nicht um Liebe, gegenseitige Akzeptanz oder gar Selbstverwirklichung in diesen (klein-)bürgerlichen Partnerschaften geht. Allenfalls Sex und materielle Vorteile darf man(n) erwarten – dann liebt man »vernünftig«, wie er Marianne schon nach ihrem ersten Kuss zu verstehen gibt (vgl. S. 37 f.).

■ Eigennutz statt Liebe

Vor allem die männlichen Figuren verteidigen mit diesen nur aufs Äußerliche bezogenen Moralvorstellungen auch die traditionelle Rollenverteilung zwischen Mann und Frau vehement: Der Mann verdient das Geld, die Frau gehört an den Herd und hat auch sonst vor allem nützlich zu sein. »Nur niemals die Autorität verlieren! Abstand wahren! Patriarchat, kein Matriarchat!« (S. 21), ruft der Spießer par excellence (»der echte Bürger vom alten Schlag«, S. 77), der Zau-

■ Die klassische Rollenverteilung

62 Buck (s. Anm. 26), S. 392.

berkönig, aus. Und Havlitschek, die grausam-explizite Version des kleinbürgerlichen Mannes, versteht »die Weiber« gleich ganz nur als »äußerliches Fleisch« (S. 44) ohne Seele.

Radikale Missachtung der Frau

Doch auch weibliche Figuren tragen die scheinheiligen Normkonstruktionen mit: Das krasseste Beispiel ist sicher Alfreds Großmutter, die energisch die kleinbürgerliche ›Geburtsethik‹ vertritt: Leopold, Alfreds und Mariannes Sohn, ist für sie nur »ein unehelicher Schlampen«, der nicht – wie ihre Tochter – »in Ehren geboren« (S. 99) worden sei. Das scheint es für sie zu legitimieren, diesen ›Schandflecken‹ für ihre Familie zu beseitigen: Es ist, genau besehen, ein heimtückischer Mord, den sie an dem wehr- und arglosen Kind verübt, als sie es mitleidlos in den Zug stellt. Ihre eigene Tochter beobachtet sie bei diesem Tun – und greift nicht ein. Damit ist auch Alfreds Mutter schuldig und stützt die kleinbürgerliche Unmoral durch Unterlassung. Sie gibt auch einen Hinweis darauf, dass es möglicherweise nicht das erste Mal war, dass die ›ehrbare‹ Großmutter ein Kind getötet hat: »[D]amals beim armen kleinen Ludwig hats genau so begonnen« (S. 86).[63]

Weder zwischen den Handlungen der männlichen und weiblichen Figuren gibt es in diesem Milieu wesentliche Unterschiede noch zwischen den Taten der-

63 Vgl. dazu ebd., S. 382. Das allerdings ist nur eine Vermutung – es könnte sich genauso um den Hinweis auf eine normale Erkältung handeln, die bei dem anderen Kind offenbar auch zum Tode geführt hat.

Unterschiedliche Formen der Dummheit

jenigen, die in der Stadt leben, und denen vom Land: Überall waltet »die gleiche Bosheit«[64] und alle Figuren zeichnet eine gewisse »Dummheit« aus, wie sie schon im Motto (S. 6) beschrieben wird. Allerdings unterscheidet sich die »Dummheit« oder besser: Verblendung Mariannes von der ihrer Mitmenschen: Sie verkennt zwar, dass sie durch ihre Flucht zu Alfred weder der ›Liebe‹ Oskars entgehen wird noch den furchtbaren Verhältnissen insgesamt. Aber die anderen sind schon zu beschränkt, um überhaupt zu begreifen, was an ihrer Lebensweise falsch sein könnte: Sie »alle sind ohne Einsicht in das Böse, das Verwerfliche, das Schäbige, das Lächerliche, das Sinnlose ihres Tuns, ohne Fähigkeit zur Kontrolle ihrer Handlungen«[65] – und das, obwohl sie sich dauernd durch ihre Sprache selbst verraten.

Sprache und Stille

Bildungsjargon = Pseudosprache

Theo Buck fasst die »unbewusst entlarvende[n] Sprechhandlungen«, diesen »dialogische[n] Entlarvungsmechanismus«, den die Figuren in den *Geschichten aus dem Wiener Wald* betreiben, prägnant zusammen: »Fortwährend stoßen wir […] auf Ambivalenzen, Widersprüche und offenkundige Lügen.«[66] Besonders kennzeichnend für die Figuren ist der Bildungsjargon, jene – schon mehrfach erwähnte – Pseu-

64 Buck (s. Anm. 26), S. 385.
65 Wapnewski (s. Anm. 4), S. 22.
66 Buck (s. Anm. 26), S. 386 f.

dosprache, die vorgibt, sich höherer Einsicht zu verdanken, aber doch nur durch Floskeln, falsches Pathos, unpassende Versatzstücke und fremdsprachige Imponier-Zitate enthüllt, dass den Figuren an diesen Stellen die eigentliche Erkenntnis fehlt, ihnen eigentlich nichts zu sagen bleibt. Peter Wapnewski erklärt diesen Sprachverlust, der mit dem Bildungsjargon einhergeht, sehr einprägsam: »Diese Sprache hat doppelten, d. h. sie hat keinen Boden. Wer ihrer polierten Oberfläche vertraut, bricht ein. [...] In Wahrheit [...] haben diese Menschen ihre eigene Sprache verloren, das Medium also ihrer Person, ihrer Menschlichkeit.«[67]

Komik und Tragik des Sprachgebrauchs

Der von den Figuren verwendete Bildungsjargon erzeugt mitunter Komik, etwa wenn der Zauberkönig ausgerechnet bei der banalen Suche nach seinen Sockenhaltern den römischen Dichter Juvenal auf Lateinisch zitiert: »Difficile est, satiram non scribere« (S. 17), was übersetzt ›es ist schwierig, *keine* Satire zu schreiben‹ bedeutet. Schon weniger komisch, eher tragisch, wirkt es, wenn Marianne bei der Lösung der Verlobung von Oskar pathetisch ausruft: »Jetzt bricht der Sklave seine Fessel« (S. 40). Sie erinnert mit diesen Worten an Schillers Gedicht *Die Worte des Glaubens* – und macht dadurch deutlich, dass ihr die Kraft oder Fähigkeit fehlt, selbst auszudrücken, was sie in diesem Moment wirklich tut. Damit scheint sie in diesem entscheidenden Augenblick keine individuel-

67 Wapnewski (s. Anm. 4), S. 18.

le Handlung spontan auszuführen, sondern einem Klischee, einer in ihrem Kopf bereits existierenden Vorstellung, zu folgen.

»Jargon der Uneigentlichkeit«

Doch ist Marianne auch die Figur, die dieses Sprechen, dieses verbale Imponiergehabe, diesen »Jargon der Uneigentlichkeit«[68] im Laufe des Stückes ablegen wird. Zum Ende hin mokiert sie sich über Oskar, der sich mit einem (fast) gelungenen Goethe-Zitat den Anschein der Empfindsamkeit geben will, wenn sie spöttisch kommentiert: »Gott, seid ihr gebildet« (S. 97). Sie wird auch nicht mehr zur Floskel greifen und damit auch nicht mehr lügen, als Valerie ihre große Versöhnungskampagne startet:

> »Ich möcht jetzt nur noch was sagen. Es ist mir nämlich zu guter Letzt scheißwurscht – und das, was ich da tu, tu ich nur wegen dem kleinen Leopold, der doch nichts dafür kann.« (S. 98)

Damit spricht Marianne ganz wahrhaftig und zeigt, dass sie ein Mensch ist, der sich nicht nur um sich dreht, sondern auch in der Lage ist, für jemand anderen einzustehen. Diese Aussage Mariannes wird damit zu einer der seltenen Stellen im Drama, »wo ganz plötzlich ein Mensch sichtbar wird – wo er dasteht, ohne jede Lüge, aber das sind naturnotwendig nur

68 Dieter Hildebrandt, »Der Jargon der Uneigentlichkeit. Zur Sprache Ödön von Horváths«, in: *Akzente* 2 (1972) S. 109–111. Zit. nach Schmidjell (s. Anm. 2), S. 112.

ganz wenig Stellen«.[69] Erst als ihr Sohn tot ist und sie den Menschen verliert, der ihr wirklich etwas bedeutet, wird Marianne aufgeben und sich in ihre persönliche Hölle, die Ehe mit Oskar, begeben.

Wenn die Figuren auch mit ihren pseudo-intellektuellen Floskeln nicht mehr weiterkommen – weil sich an solchen Stellen (Selbst-)Erkenntnis einstellen müsste –, folgt im Drama die »Stille«. Hier manifestiert sich nach Horváth für die Figuren der »Kampf zwischen Bewusstsein und Unterbewusstsein«[70], gleichzeitig erlaubt die »Stille« »dem Zuschauer oder Leser, den angesprochenen Zusammenhang zu überdenken«[71]. Sie kann als »auktoriale[r] Wink«[72] verstanden werden, der deutlich die (Selbst-)Entlarvungen des kleinbürgerlichen Bewusstseins markiert. Peter Wapnewski bezeichnet die »Stille« deshalb auch nicht als »Pausen« oder als »Appell an pantomimische Mühen, sondern das sind Signale der Fortsetzung des verbalen Krieges mit anderen Mitteln«.[73]

Bedeutung der »Stille«

Dabei variiert Horváth die »Stille«: Nicht nur kann sie »[p]einlich[]« (S. 10) sein, sie kann sich auch als »Totenstille« (S. 71) einstellen. Mit dem Adjektiv/Partikel »tot« wird die Stille nur im letzten Teil in Verbindung gebracht: Das ist kein Zufall, denn nicht nur läuft alles auf den Tod des kleinen Leopold hinaus,

69 Horváth (s. Anm. 1), S. 221.
70 Ebd., S. 215.
71 Buck (s. Anm. 26), S. 388.
72 Ebd., S. 391.
73 Wapnewski (s. Anm. 4), S. 18.

sondern auch auf den sozialen Tod Mariannes. Für den Zuschauer dürfte der Unterschied zwischen einer einfachen, einer peinlichen oder gar einer Totenstille nur schwer erfahrbar zu machen sein, einem Leser wird sie dagegen sofort einsichtig.

■ Epische Elemente durchbrechen Illusion

Diese Ungleichheit zwischen Lese- und Bühnenerfahrung wird auch durch andere Beschreibungen in den Regieanweisungen hervorgerufen: Wie sein Zeitgenosse Bertolt Brecht bedient sich Horváth in seinen Stücken nämlich epischer Elemente, die die traditionellen Beschränkungen des Dramentextes aufbrechen und letztlich auf eine Illusionsdurchbrechung hinauslaufen: Will ein Regisseur z. B. die Unterschiede zwischen den verschiedenen Arten der »Stille« wirklich deutlich machen, wird er sehr wahrscheinlich zu Mitteln greifen müssen, die die Illusion, also den Eindruck, es handele sich um ›reales Geschehen‹ auf der Bühne, durchbrechen – etwa durch ein hochgehaltenes Schild mit einer entsprechenden Aufschrift. Horváth besteht schließlich darauf, dass seine Stücke nicht realistisch oder naturalistisch (und somit illusionserzeugend), sondern stilisiert zu spielen seien.

Die Rolle der Musik

■ Musik in Kontrast zu brutalem Geschehen

Auch die Musik, die eine zentrale Rolle in dem Drama spielt, wird in erster Linie dazu gebraucht, mit der Tradition des ›alten‹ Volksstückes – mitsamt seiner Verklärung der Wirklichkeit – zu brechen. Zwar beginnen die *Geschichten* konventionell, wenn es heißt:

»In der Luft ist ein Klingen und Singen – als verklänge irgendwo immer wieder der Walzer ›Geschichten aus dem Wiener Wald‹ von Johann Strauß« (S. 7). Die Musik fügt sich also sehr harmonisch in die anfangs gezeigte idyllische Landschaft ein – die Wachau war schon seit der Jahrhundertwende ein beliebtes Ausflugsziel der Wiener – und ruft somit erst einmal Erinnerungen wach an die üblichen heimeligen Klischees der Wiener Volkstheater. Doch schon bald erkennt der Zuschauer/Leser, dass die Musik, auch wenn sie einen »Querschnitt durch das Repertoire musikalischer Wien-Seligkeit«[74] bietet, nicht dazu dient, die Identifikation mit den handelnden Figuren zu unterstützen oder nur die Handlung leitmotivisch zu untermalen: Spätestens als ein Walzer im Hintergrund »auf einem ausgeleierten Klavier« (S. 14) gespielt wird, während Havlitschek davon fantasiert, die kleine Ida abzustechen, weil sie seine Blutwurst kritisiert hat, ist klar, dass das Bühnengeschehen auch in harten Kontrast tritt zur Lieblichkeit der Musik. Der Walzer ist dabei in den *Geschichten* zu verstehen als »Musik, die zum Kreislauf auffordert, zum Wirbel, die schwindlig macht, ein Tanz ohne strenge Figuren und Ausführungsregeln, ein Tanz monotoner Bewegung, alles dreht sich, dreht sich um sich selbst«[75].

Abbruch mitten im Takt

Immer wieder bricht die Musik unvermittelt »mitten im Takt« (S. 16, 22, 62, 89) ab und illustriert so die gestörten Beziehungen zwischen den Figuren. Die –

74 Buck (s. Anm. 26), S. 386.
75 Wapnewski (s. Anm. 4), S. 26.

mitunter im Drama nicht direkt zitierten – Texte der Lieder ironisieren außerdem nicht selten die Handlungen und Aussagen der Figuren: Wenn Oskar etwa bei seiner Verlobung mit Marianne das Lied *Sei gepriesen du lauschige Nacht* singt, dürfte klar sein, dass gerade jetzt keine »zwei Herzen […] glücklich gemacht« (S. 29) worden sind. Insgesamt »erfüllt [die Musik] eine entlarvende Funktion, die auf das verkitschte, d. h. verlogene Gefühl der Menschen im Stück hinweist«.[76] Oder um es drastischer mit Herbert Gampers Worten zu sagen: In dem Stück erlebt man ein »Sauschlachten[] im Dreivierteltakt«.[77]

■ Entlarvende Funktion

Leitmotive, Stilmittel und die *Gebrauchsanweisung*

Horváth setzt nicht nur die Musik außerordentlich gezielt ein, sondern mit Bedacht durchzieht er sein Drama auch mit wiederkehrenden Symbolen. Theo Buck stellt treffend fest, dass das ganze Stück »mit Ikonographien [Bildbeschreibungen] des Todes grundiert«[78] ist. Dazu zählen natürlich die Auslagen der Geschäfte, die gleich im zweiten Bild genau beschrieben werden: Während das Schaufenster von Oskars Fleischhauerei mit »halben Rindern und Kälbern« sowie »Schweinsköpfen« befüllt ist, sieht man bei der Puppenklinik »Totenköpfe[], […] Raketen, Zinnsol-

■ (Todes-) Symbolik

76 Mehring (s. Anm. 56).
77 Gamper (s. Anm. 54). Zit. nach Buck (s. Anm. 26), S. 386.
78 Buck (s. Anm. 26), S. 382.

daten und ein[] Skelett« (S. 13). Mehrfach überziehen sich die Figuren auch mit Todeswünschen – »Küss die Hand! Krepier!« (S. 60), »Häng dich auf!« (S. 85) – oder sprechen wie die Großmutter über den eigenen Tod. Insgesamt gehört zum »Gestaltungsverfahren Horváths […] eine genau kalkulierte Leitmotivik. Man denke nur an Motive wie die Messer [S. 7, 14, 27, 59], die Sockenhalter [S. 17 ff., 45 f.], den wurstfressenden Havlitschek [S. 14, 16, 42 f.], den böse lächelnden Oskar [S. 14, 65, 90 f., 96], das Sauabstechen [S. 14, 44, 62, 65]«.[79]

Relativierung der *Gebrauchsanweisung*

An dieser genauen literarischen Gestaltung seines Dramas erkennt man vielleicht am besten Horváths unbedingtes Bemühen, richtig verstanden zu werden. Da dies offenbar trotzdem nicht immer gelang, sah er sich – wie beschrieben – gezwungen, eine *Gebrauchsanweisung* für seine Stücke vorzulegen, die sich in erster Linie an die Theater richtete, die seine Dramen inszenieren wollten. In zunehmendem Maße spielte die *Gebrauchsanweisung* aber auch eine Rolle, um sich den *Geschichten aus dem Wiener Wald* interpretatorisch zu nähern: Das ist einerseits sehr verständlich, weil man mit der *Gebrauchsanweisung* der Machart des Dramas auf die Spur kommt und auch Horváths Intentionen hinter Regieanweisungen, Figurenkonstellationen und dem dargestellten Geschehen insgesamt nachvollziehen kann.

Andererseits verengt die Konzentration auf diesen

79 Ebd., S. 385.

erklärenden Text und besonders auf die immer wieder zitierte Wendung von der »Demaskierung des Bewusstseins« – gerade in schulischen Zusammenhängen – vielleicht auch den interpretatorischen Zugriff. Zudem kann dieser Fokus den Blick darauf verstellen, wie aktuell das Stück letztlich immer noch ist.[80] Horváth beschreibt sich nämlich selbst in seiner *Gebrauchsanweisung* »als treue[n] Chronist[en] [s]einer Zeit« und legt damit den Schluss nahe, dass das in seinem Drama illustrierte kleinbürgerliche Bewusstsein eines ist, das (nur) spezifisch für die damalige Zeit war. Wenn dies der Fall wäre, müsste man das Stück heute ausschließlich historisch lesen, als eine Art dramatische Diagnose der ausgehenden zwanziger, beginnenden dreißiger Jahre des letzten Jahrhunderts. Auch aktuelle Inszenierungen wären dann recht sinnlos – oder eben nur historisch-illustrierend.

Aktualität des Stückes …

Diese Folgerung aber greift deutlich zu kurz: Horváths Kleinbürger sind (leider) aktueller denn je. Gerade in unseren Tagen werden rückwärtsgewandte Konstruktionen von Ehe und Familie auch politisch wieder salonfähig; außerdem greift der Antisemitismus (»Ja, glaubens denn, dass ich die Juden mag?«, S. 29) nicht nur in Österreich wieder um sich. Und auch die sich im Stück immer wieder enttarnende Doppelmoral ist kein (politisches) Phänomen der 1930er Jahre[81]: Horváths »Wahrheit« über gesellschaft-

80 Vgl. Hildebrandt (s. Anm. 68), S. 109–111 und Wapnewski (s. Anm. 4), S. 19.

81 Verwiesen sei exemplarisch auf den Skandal um den ehema-

liche Missstände ist uns tatsächlich näher, als uns lieb sein kann.[82] Schon 1971 hat Peter Wapnewski die Aktualität Horváths treffend beschrieben – und seine Worte besitzen noch immer Berechtigung: »Größe und Begrenzung von Horváths Dramen ist, daß sie nicht zeitlos sind, sondern zeithaft. Sie sind gebunden an einen spezifischen soziologischen Zustand. Sie liefern die oft beschriebene ›Dämonologie des Kleinbürgertums‹, sind dessen Produkt und Analyse, und sind in dem Maße aktuell und also ›auf die Dauer‹, als ihre Schilderung von Bedingungen einer präfaschistischen Gesellschaft noch als Gegenwart empfunden wird.« Horváth stelle die »Existenz eines Bewusstseinszustandes« dar, der nicht die Herrschaft habe, aber vorherrschend sei: »Es handelt sich um den Zustand der Dummheit.«[83]

… und der »Dummheit«

ligen Vizekanzler Österreichs, Heinz-Christian Strache (FPÖ), im Mai 2019.

82 Horváth (s. Anm. 1), S. 218. Dort heißt es: »Es gibt für mich ein Gesetz und das ist die Wahrheit.«

83 Wapnewski (s. Anm. 4), S. 17.

7. Autor und Zeit

Ödön von Horváth (eigentlich Edmund Josip von Horváth) wurde am 9. Dezember 1901 in Fiume (Rijeka, heutiges Kroatien) geboren, das damals zur Doppelmonarchie Österreich-Ungarn unter Kaiser Franz Joseph I. gehörte. Sein Vater Edmund Josef war Diplomat, weshalb die Familie häufig umzog. Seine Mutter Maria Lulu Hermine (geb. Prehnal) stammte aus einer deutsch-ungarischen Familie. Die Horváths gehörten zum ungarischen Kleinadel und hatten nicht zuletzt aufgrund der Stellung des Vaters ein privilegiertes Leben. In einer eindrucksvollen *Autobiographischen Notiz*, die sich im Nachlass von Horváth fand, beschreibt er selbst die prägenden Ereignisse seiner Jugend: »Als der sogenannte Weltkrieg ausbrach, war ich dreizehn Jahre alt. An die Zeit vor 1914 erinnere ich mich nur, wie an ein langweiliges Bilderbuch. Alle meine Kindheitserlebnisse habe ich im Krieg vergessen. Mein Leben beginnt mit der Kriegserklärung. [...] Während meiner Schulzeit wechselte ich viermal die Unterrichtssprache und besuchte fast jede Klasse in einer anderen Stadt. Das Ergebnis war, dass ich keine Sprache ganz beherrschte. Als ich das erste Mal nach Deutschland kam, konnte ich keine Zeitung lesen, da ich keine gotischen Buchstaben kannte. Erst mit vierzehn Jahren schrieb ich den ersten deutschen Satz.«[84]

■ ›Produkt‹ Österreich-Ungarns

■ Viersprachig

84 Ödön von Horváth, *Autobiographische Notiz*, in: Horváth (s. Anm. 1), S. 183. Mit den »gotischen Buchstaben« meint

Bedeutung des Ersten Weltkriegs

Der Erste Weltkrieg hatte immense Folgen für seine Generation, stellt Horváth in seinem kurzen Rückblick auf das eigene Leben fest: »Wir waren verroht, fühlten weder Mitleid noch Ehrfurcht. Wir hatten weder Sinn für Museen noch die Unsterblichkeit der Seele – und als die Erwachsenen zusammenbrachen, blieben wir unversehrt. In uns ist nichts zusammengebrochen, denn wir hatten nichts.«[85]

Heimat?

Individuell prägten Ödön von Horváth aber auch die vielen Umzüge und die Herkunft seiner Familie – vor allem im Hinblick darauf, was für ihn ›Heimat‹ war: »›Heimat‹? Kenn ich nicht. Ich bin eine typisch alt-österreichisch-ungarische Mischung: magyarisch [ungarisch], kroatisch, deutsch, tschechisch – mein Name ist magyarisch, meine Muttersprache ist deutsch. Ich spreche weitaus am besten Deutsch, schreibe nunmehr nur Deutsch, gehöre also dem deutschen Kulturkreis an, dem deutschen Volke. Allerdings: der Begriff ›Vaterland‹, nationalistisch gefälscht, ist mir fremd. Mein Vaterland ist das Volk.«[86]

1919 legte Horváth in Wien die Matura (Abitur) ab – während dieser Zeit wohnte er bei seinem Onkel Josef Prehnal, der auch als Vorbild des Rittmeisters in den *Geschichten aus dem Wiener Wald* gilt.[87] Noch im

Horváth die Frakturschrift, die über 400 Jahre – bis 1941 – die offizielle deutsche Buch- und Verkehrsschrift war.

85 Ebd.

86 Ödön von Horváth, *Fiume, Belgrad, Budapest, Preßburg, Wien, München*, in: Horváth (s. Anm. 1), S. 184 f., hier S. 184.

87 Prehnal war Reserveoffizier; Horváth beschrieb ihn »als fe-

Wien und München

selben Jahr schrieb sich Horváth an der Universität München ein und belegte Seminare zu literatur-, theater- und kunstwissenschaftlichen Themen sowie aus dem Bereich der Psychologie. Abschließen sollte er sein Studium nicht – dafür begann er 1920 mit seiner schriftstellerischen Tätigkeit: Sein erstes Werk, *Das Buch der Tänze*, wurde 1922 publiziert. 1923 zog Horváth in die Villa seiner Eltern in Murnau (Bayern) und fertigte die *Sportmärchen* an, die in verschiedenen Zeitschriften und Zeitungen gedruckt wurden.

Erster dramatischer Erfolg

1927 wurde Horváths Volksstück *Revolte auf Côte 3018* in Hamburg uraufgeführt, das er im Anschluss noch einmal umarbeitete und umbenannte in *Die Bergbahn*. Als solches gelangte es 1929 in Berlin zur Uraufführung. Darin schildert Horváth die unmenschlichen Bedingungen beim Bau der Tiroler Bergbahn auf der Zugspitze. Allerdings arbeitet der Autor hier nicht historisch, es geht ihm um Grundsätzlicheres: »[D]as Stück hat zum Inhalt den Kampf zwischen Kapital und Arbeitskraft.«[88] Das Drama machte den jungen Autor weithin bekannt, und nun entstanden in rascher Folge weitere wichtige Arbeiten: Unter anderem kam noch im selben Jahr *Sladek der schwarze Reichswehrmann*[89] erstmals auf die Bühne – und

schen österreichischen Leutnant um die Jahrhundertwende […]«. Zit. nach Krischke/Prokop (s. Anm. 33), S. 53.

88 Horváth im Interview mit Willi Cronauer, in: Horváth (s. Anm. 1), S. 196–206, hier S. 200.

89 Bei der »Schwarzen Reichswehr« handelte es sich um eine illegale paramilitärische Truppe in der Weimarer Republik, die eine höhere Anzahl an Landstreitkräften aufwies als im

Abb. 7: Fotografie von Ödön von Horváth. – ÖNB/Wien, Signatur NB 840.009-B

Horváth geriet damit vollends in den Fokus der Nationalsozialisten, die heftig gegen das Stück polemisierten. Im darauffolgenden Jahr erschien sein erster Roman *Der ewige Spießer*, der versucht, den Typus des deutschen Spießers, wie er sich nach dem Ersten Weltkrieg entwickelt hatte, zu charakterisieren.

■ Feindschaft der Nationalsozialisten

Das Jahr 1931 wurde zum Höhepunkt in Horváths Karriere: Im März hatte sein Volksstück *Italienische*

■ Höhepunkt der Karriere

Versailler Vertrag festgelegt war und die sogar von der regulären Reichswehr gefördert wurde.

Nacht in Berlin unter der Regie von Francesco von Mendelssohn Premiere, im Herbst erhielt er den renommierten Kleist-Preis – zusammen mit Erik Reger – auf Vorschlag Carl Zuckmayers, und im November wurde die Uraufführung der »*Geschichten aus dem Wiener Wald* am Deutschen Theater in Berlin zu einem entscheidenden Erfolg«.[90] Gleichzeitig wurde die Gegnerschaft der Nationalsozialisten immer erbitterter: Auf seine *Italienische Nacht*, die den Kampf zwischen den linken Republikanern und den Faschisten zeigt, reagierte der spätere »Reichsdramaturg« und Nationalsozialist Rainer Schlösser noch zwei Jahre später mit einer kaum verhohlenen Drohung: »Ödön von Horváth besaß die Frechheit, die Nationalsozialisten anzupöbeln. Seine ›Italienische Nacht‹ zeichnet uns als Feiglinge, die durch ein einziges Schimpfwort seitens einer Frau geschlagen werden können. Wird sich der Ödön noch wundern!«[91] Unbeliebt hatte sich Horváth bei den Nationalsozialisten auch gemacht, weil er in einem Prozess um eine Saalschlacht in Murnau im Juli 1931 gegen die Faschisten und zugunsten der Sozialdemokraten ausgesagt hatte. Noch aber konnten ihm die Kulturfunktionäre der NSDAP nichts anhaben außer üblen Kritiken, wie es sie in den einschlägigen Organen auch nach der Premiere der *Geschichten aus dem Wiener Wald* (1931) einige gab.

90 Krischke/Prokop (s. Anm. 33), S. 224.
91 Rainer Schlösser, in: *Völkischer Beobachter*, 14. 2. 1933. Zit. nach Krischke/Prokop (s. Anm. 33), S. 159.

Im November 1932 wurde sein Volksstück *Kasimir und Karoline* zwar noch in Leipzig gezeigt, doch mit der Machtübernahme Hitlers im Januar 1933 bekam Horváth schließlich die Konsequenzen für seine Abwehrhaltung gegen den Nationalsozialismus hart zu spüren: Kurz vor der Machtübernahme wurde der Regisseur Heinz Hilpert von den Nationalsozialisten dazu veranlasst, die Uraufführung des neuen Dramas *Glaube Liebe Hoffnung* abzusagen, ebenso kamen im Folgenden andere geplante Aufführungen in Deutschland nicht mehr zustande. Horváths Elternhaus in Murnau wurde von der Sturmabteilung, der paramilitärischen Kampftruppe der NSDAP, durchsucht, und im Mai wurden »in München auf dem Königsplatz die Rollenbücher seiner Stücke, zusammen mit den Werken anderer Dichter, verbrannt«.[92] Für den Autor begann nun eine sehr unruhige Zeit, in der er immer wieder Deutschland verließ, aber auch mehrfach nach Berlin zurückkehrte und dort trotz seiner Gegnerschaft zum Nationalsozialismus versuchte, weiterhin künstlerisch tätig zu sein. Letztlich aber wurde ihm dies unmöglich gemacht, und im August 1936 wurde er endgültig aus Deutschland verwiesen. Auch wenn er weiterhin Stücke schrieb, die in der Schweiz oder Österreich noch auf die Bühne gelangten, wurde die finanzielle Lage für ihn immer bedrohlicher. Erst 1937 änderte sich das wieder: In Amsterdam erschien sein Roman *Jugend ohne Gott*, der rasch in acht Sprachen

1933 als Zäsur

92 Krischke/Prokop (s. Anm. 33), S. 158.

übersetzt wurde und der ein düsteres Charakterbild der ›neuen‹ Jugend im Dritten Reich liefert. Schon 1938 kam das Buch im NS-Staat auf die »Liste des schädlichen und unerwünschten Schrifttums«[93].

Reise nach Paris

Horváth reiste nun rastlos hin und her und kam schließlich am 28. Mai 1938 in Paris an. Um diese Reise in die französische Hauptstadt ranken sich einige Geschichten, von denen nicht ganz klar ist, ob bzw. in welchem Ausmaß sie zutreffen. Unter Berufung auf Carl Zuckmayer erzählt Peter Wapnewski, dass Horváth nicht zuletzt wegen der Prophezeiung eines Wahrsagers, in Paris erwarte ihn ein entscheidendes Ereignis seines Lebens, dorthin gefahren sei; zudem fand in der französischen Hauptstadt eine Besprechung zu der Verfilmung seines Romans *Jugend ohne Gott* statt. Doch »Horváth war von merkwürdiger gehetzter Unruhe, er ahnte, wußte sich bedroht: das sein Leben entscheidende Ereignis erwartete ihn an diesem fünften Pariser Tag, am nächsten Morgen wollte er weiter […]. Ein Unwetter zog auf, er suchte Schutz vor der Natur unter der Natur, unter einem Baum, der aber war hohl, stürzte, ein Ast traf Horváth und zerschmetterte seinen Hinterkopf.«[94] So starb der Autor am 1. Juni 1938 auf dem Champs-Élysées. Zahlreiche Exilautoren versammelten sich sechs Tage spä-

Legende um den Tod

93 Die gesamte Liste (Stand: 31. 12. 1938) ist auf www.berlin.de/berlin-im-ueberblick/geschichte/berlin-im-nationalsozialismus/verbannte-buecher/ zu finden.

94 Wapnewski (s. Anm. 4), S. 13 f.

ter, um ihn auf dem Friedhof Saint Ouen zu Grabe zu tragen.[95]

Mit Horváths Tod schwächte sich die Rezeption seiner Werke merklich ab; ganz zum Erliegen kam sie freilich nicht: *Jugend ohne Gott* etwa wurde mehrfach wieder aufgelegt. Nach 1945 kehrte der einst gefeierte Bühnenautor trotzdem nur langsam in die Theater zurück. In Österreich wurden zwar vereinzelt seine Dramen wiederaufgeführt, doch noch 1957 musste der Kritiker Hans Weigel in *Theater und Zeit* intensiv darum werben, dass Horváth endlich wieder stärker beachtet würde: »[S]pielt ihn, weil er genau das ist, was er von dem Titelhelden eines seiner nachgelassenen Romane sagt: Ein Kind unserer Zeit. Spielt ihn auch um eurer Schauspieler willen, die eine Fülle herrlicher Rollen bei ihm finden, um eures Publikums willen, das bei ihm unter anderem auch lachen kann …«[96]

■ Verzögerte Rezeption nach 1945

Spätestens seit den 1960er Jahren erfüllte sich Weigels Wunsch dann, und in der Spielzeit 1970/71 erreichte die sogenannte »Horváth-Renaissance« schließlich ihren Höhepunkt, als insgesamt 23 Inszenierungen von Horváths Dramen in Deutschland gezeigt wurden, außerdem fünf in Österreich und in der Schweiz sowie elf im fremdsprachigen Ausland.[97] Seit

■ »Horváth-Renaissance«

95 Seine Gebeine wurden 1988 nach Wien überführt, um dort in einem Ehrengrab auf dem Heiligenstädter Friedhof bestattet zu werden.

96 Vgl. Krischke/Prokop (s. Anm. 33), S. 228.

97 Ebd.

Gegenwartsbedeutung

dieser Zeit gehören Horváth-Stücke zum festen Repertoire vor allem deutscher und österreichischer Bühnen, auch zahllose wissenschaftliche Beiträge beschäftigen sich seit über 50 Jahren mit Leben und Werk des Dichters. Darüber hinaus sind seine Dramen *Geschichten aus dem Wiener Wald*, *Kasimir und Karoline* sowie *Glaube Liebe Hoffnung* noch immer beliebte Schullektüren, zu denen auch der Roman *Jugend ohne Gott* gehört, der 2017 sogar noch einmal verfilmt wurde. Horváths (Zeit-)Diagnosen und seine Art, dämonische Facetten hinter scheinbar sittlichen Fassaden herauszukehren, faszinieren uns offenbar noch immer. So schrieb Klaus Mann in einem Nachruf über Horváth: »Er sah aus wie ein gemütlicher Mann, der gern ißt und trinkt und mit Freunden plaudert. […] Freilich waren seine Plaudereien von solcher Art, daß es den Freunden zuweilen eiskalt den Rücken hinunterlief. Er war verliebt ins Unheimliche; […] das Unheimliche, das Dämonische [war] in ihm; als ein Element seines Wesens.«[98]

98 Klaus Mann in: *Das Neue Tage-Buch* 6 (1938) H. 24. Zit. nach Krischke/Prokop (s. Anm. 33), S. 233.

8. Rezeption

Die Uraufführung von Horváths *Geschichten aus dem Wiener Wald* am 2. November 1931 am Deutschen Theater in Berlin wurde zu einem überwältigenden Triumph für den Dramatiker, den Regisseur und das ganze Ensemble, dem viele Stars angehörten. Schauspieler wie Paul Hörbiger, Peter Lorre, Hans Moser und Willy Trenk-Trebitsch waren wie ihre Kolleginnen Lucie Höflich und Carola Neher dem Publikum nicht nur von der Bühne her bekannt, sondern auch aus zahlreichen Filmproduktionen. Auch der Regisseur Heinz Hilpert gehörte zu den bekanntesten und erfolgreichsten seiner Zunft.

■ Der große Triumph der Uraufführung

Bis zum 10. Dezember des Jahres wurde das Stück 37 Mal aufgeführt und war ein echtes Theaterereignis, das ein enormes Medienecho erfuhr.[99]

99 Schmidjell (s. Anm. 2), S. 88. Bei Krischke/Prokop (s. Anm. 33) ist auch das gesamte Theaterheft abgedruckt (S. 119–139), das zur Uraufführung erschien und u. a. einen aufschlussreichen kurzen Text von Horváth mit dem Titel »Ein Kapitel aus den Memoiren des Herrn Hierlinger Ferdinand« enthält (S. 121–123). In diesem wird die Figur, die im Drama selbst nur wenig Kontur gewinnt, noch mit zusätzlichen Charakterzügen ausgestattet: Hierlinger ist (wie Alfred) ein Frauenheld, der es ›faustdick hinter den Ohren hat‹ und immer auf den eigenen Vorteil aus ist. Der kurze Text eignet sich auch sehr gut, um ihn in schulischen Zusammenhängen bei der Figurencharakterisierung komplementär oder kontrastiv einzusetzen.

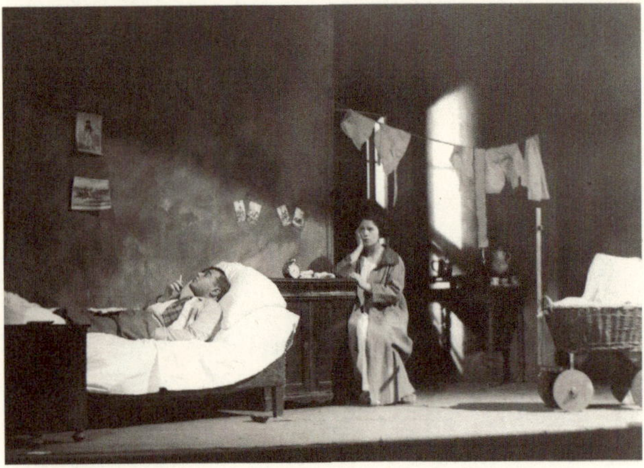

Abb. 8: Szenenbild aus der Uraufführung am Deutschen Theater in Berlin. – © ullstein bild – Zander & Labisch

Vergleich zu Goethes *Faust*

Gelobt wurde nicht nur das Drama selbst, sondern auch Hilperts Inszenierung: Der Literatur- und Theaterkritiker Bernhard Diebold etwa schrieb in der einflussreichen *Frankfurter Zeitung*, Hilperts Aufführung sei »nicht nur Verkörperung, sondern Mit-Dichtung«.[100] Er sah Horváths Figur Marianne durch das Spiel Carola Nehers sogar in die Nähe eines anderen sehr berühmten literarischen Charakters gerückt:

100 Bernhard Diebold, »Kleistpreisträger Horváth. Uraufführung von *Geschichten aus dem Wiener Wald*, Volksstück von Ödön von Horváth, im Deutschen Theater«, in: *Frankfurter Zeitung*, 5. 11. 1931. Zit. nach Schmidjell (s. Anm. 2), S. 89.

»Ein Gretchen ohne Verse.«[101] Dieser Vergleich mit Goethes berühmter Figur aus dem *Faust* ist seither immer wieder gezogen worden, auch abseits der Verkörperung durch Neher.

Erich Kästners Kritik

Erich Kästner verwies in seiner Kritik für die *Neue Leipziger Zeitung* vor allem auf Horváths Erneuerung des Volksstücks: »Horváth schrieb hier ein Wiener Volksstück gegen das Wiener Volksstück. Er übernahm die aus Filmen, Operetten und Dramen bekannten pensionierten Rittmeister, die süßen Mädel, die nichtsnutzigen Hallodri, die familiensüchtigen Kleinbürger; er übernahm den Plüsch, aber er klopfte ihn aus, daß die Motten aufflogen und die zerfressenen Stellen sichtbar wurden.« Horváth zeige die Fassade sowie die Nachteile der herkömmlichen Wiener Welt, in der die Figuren »ihre Lieder singen, ihren plauschenden Dialekt sprechen, ihre Heurigenlokale trunken durchwandern«. Er präsentiere, was hinter diesen leicht verkäuflichen Eigenschaften stecke, nämlich: »Faulheit, die Bosheit, die verlogene Frömmigkeit, die Giftigkeit und Borniertheit […]. Was bisher als Wesen des Wienertums galt, wurde von Horváth als Getue entlarvt, und hinter den Larven zeigt er die wahren Gesichter!«[102] Kästner zeigte sich allerdings weniger erfreut über Hilperts Inszenierung – und artikulierte eine Kritik, die später immer wieder

101 Diebold (s. Anm. 100).
102 Erich Kästner, »Volksstück mit doppeltem Boden«, in: *Neue Leipziger Zeitung*, 11. 11. 1931. Zit. nach Schmidjell (s. Anm. 2), S. 90 f.

in Besprechungen und Interpretationen von Horváths Dramen vorkommen sollte: dass dieser nämlich häufig – nicht nur in seiner Radikalität – missverstanden werde. »Es ist schwer, eine derartige Komödie mit doppeltem Boden sinngemäß zu inszenieren […]. Die Berliner Inszenierung ließ diese Notwendigkeit in den letzten Bildern vermissen. Der doppelte Boden wurde unterschlagen. Das Parodierte wurde ernst genommen. Das Hintergründige blieb unsichtbar.«[103]

›Kritikerpäpste‹ Alfred Kerr …

Auch *der* Theaterkritiker der Weimarer Republik, Alfred Kerr, war bei der Premiere im Publikum – was Ödön von Horváth einen erheblichen Schrecken einjagte,[104] denn Kerr war für seine spitze Feder und vernichtenden Verrisse bekannt. Doch der Kritiker zeigte sich ebenso beeindruckt von dem Drama und seiner Inszenierung wie viele seiner Kollegen. Er bescheinigte Horváth, eine »stärkste Kraft unter den Jungen« zu sein, er lüpfe »als Ironiker eine Legende: Kitschlügen um Österreich. Horváth ist ein ehrlicher Kopf mit einem Blick von heut. Einer, der zu uns gehört. Ihn ergötzt jener Unterschied zwischen dem freundlich übertünchten Außen und dem verdammt hintergründigen Inneren.«[105] Der zweite mächtige Großkritiker der Zeit, Alfred Polgar, verwies darauf, dass zwar

… und Alfred Polgar

103 Kästner (s. Anm. 102), S. 91.
104 Vgl. Schmidjell (s. Anm. 2), S. 91 f.
105 Alfred Kerr, »*Geschichten aus dem Wiener Wald*«, in: *Berliner Tageblatt*, 3. 11. 1931. Zit. nach Schmidjell (s. Anm. 2), S. 92 f. – Kerrs Formulierungen sind oft ungewöhnlich und benutzen nicht selten auch Neologismen oder umgangssprachliche Ausdrücke.

manches an dem Stück typisch für Wien sein möge – aber auch überall anders vorkommen könnte: »Geschlechts- und Geldgier sprechen in jeder Mundart ziemlich denselben Text, daß der Mensch aus Gemeinem gemacht ist, ist keine Besonderheit der wienerischen Küche«.[106]

Radikale Ablehnung erfuhren das Stück, die Inszenierung und natürlich Horváth selbst durch rechte Kritiker. Rainer Schlösser, der nach der Machtübertragung an Hitler im NS-Regime einen immensen Einfluss hatte, den er auch gegen Horváth einsetzte, nannte das Drama »Unflat ersten Ranges« und sprach von einem »Schmutz- und Schundgehalt des Machwerks«[107]. Der rechte Literaturkritiker Paul Fechter, der sich allerdings nach 1945 zum Widerständler gegen Hitler stilisierte, sprach Horváth als geborenem Ungarn sogar ab, sich über deutsche Belange äußern zu dürfen, und verurteilte die *Geschichten aus dem Wiener Wald* in Bausch und Bogen: »[D]iese Komödie ist ungefähr das dümmste, was je mit dem Anspruch, Literatur zu sein, über die Szene gegangen ist. Dünn, blutlos, Volksstück ohne jede Beziehung zu dem, was Volk ist, dafür roh, taktlos«.[108]

■ Wütende rechte Kritiker

Nach der Machtübernahme durch Hitler und die

106 Alfred Polgar, »*Geschichten aus dem Wiener Wald*«, in: *Die Weltbühne* 27 (1931) H. 46. Zit. nach Schmidjell (s. Anm. 2), S. 96.
107 Schlösser (s. Anm. 3), S. 98.
108 Paul Fechter, »Ödön von Horváth: *Geschichten aus dem Wiener Wald*«, in: *Deutsche Allgemeine Zeitung*, 4. 11. 1931. Zit. nach Schmidjell (s. Anm. 2), S. 98.

NSDAP wurden Horváths Stücke verboten, nach dem ›Anschluss‹ 1938 auch in Österreich. Die *Geschichten aus dem Wiener Wald* kehrten erst nach Ende des Zweiten Weltkriegs wieder auf die Bühne zurück, und zwar am 1. Dezember 1948 erstmals in Wien: Die Inszenierung provozierte sofort einen Theaterskandal, weil viele Wiener sich und ihre Art (nicht ganz zu Unrecht) angegriffen fühlten. Die *Weltpresse* schilderte eindrucksvoll die Ereignisse während der zweiten Aufführung; hier sorgte besonders in der letzten Szene die Schauspielerin Dorothea Neff, die eine drastische Darbietung der Großmutter als Inkarnation des Bösen lieferte, für Empörung. Es folgten »Pfuirufe, schrille Pfiffe und Rufe wie ›Das sind keine Menschen, sondern Bestien‹, ›Das Stück gehört abgesetzt‹ und ›Schmeißt die Schauspieler von der Bühne herunter!‹ […], so daß die Schauspieler für kurze Zeit unterbrechen mußten«.[109]

■ Theaterskandal 1948 in Wien

Sehr viel freundlicher war die Aufnahme – auch in Österreich – dann 1961, als das Stück für das Fernsehen von Erich Neuberg inszeniert wurde. Wie bei der Uraufführung in Berlin spielte Hans Moser den Zauberkönig und weitere berühmte österreichische Schauspieler (z. B. Walter Kohut und Helmut Qualtinger) gehörten zum Ensemble. Die Literaturwissenschaftlerin Christine Schmidjell hat eine Vermutung, warum diese Verfilmung positiver aufgenom-

■ Verfilmungen

109 a/WP, »Lärmende *G'schichten aus dem Wienerwald*«, in: Weltpresse, 3. 12. 1948. Zit. nach Schmidjell (s. Anm. 2), S. 101.

Abb. 9: Birgit Doll als Marianne und Götz Kauffmann als Oskar in der Verfilmung von Maximilian Schell (1979). – © ullstein bild – United Archives / Impress Eigen

men wurde: »Da das Stück eindeutig als zeitlich in der Zwischenkriegszeit angesiedelt betrachtet wurde, war im Vergleich zu 1948 eine größere Distanzierung vom Stoff gewährleistet, die Horváths Kritik am (Wiener) Kleinbürgertum entschärfte.«[110]

Bundesdeutsche Rezeption

Für die (bundes-)deutsche Rezeption des Dramas war neben der Schweizer Erstaufführung von 1964, »die als Aufzeichnung auch im Deutschen Fernsehen ausgestrahlt wurde«[111], vor allem die Inszenierung von Otto Schenk an den Münchener Kammerspielen ent-

110 Schmidjell (s. Anm. 2), S. 102.
111 Ebd.

scheidend. Völlig zu Recht stellt Schmidjell fest, dass es diese Aufführung war, die nicht zuletzt durch die erhebliche mediale Berichterstattung »die bis heute andauernde massive Rezeption Horváths auf deutschen Bühnen«[112] einleitete.

Film von Maximilian Schell

Ein Meilenstein für die Horváth-Begeisterung war auch die Verfilmung von Maximilian Schell (1979), die erneut mit einer prominenten Besetzung glänzte. Auch wenn der Film nicht auf uneingeschränktes Kritikerlob stieß, wurde er doch ein Erfolg und erhielt den Deutschen Filmpreis in Silber (1980). 1999 wurde erneut eine Theater-Aufführung des Stückes auch im Fernsehen ausgestrahlt, dieses Mal war es die Inszenierung am Hamburger Thalia-Theater.

Ermüdung, Erholung und Warnung

Auch wenn sich ab den 1980er Jahren auf den Bühnen – und im literaturwissenschaftlichen Diskurs – eine gewisse »Horváth-Ermüdung« einstellte, sind seine Werke gerade in der Gegenwart wieder äußerst präsent. Das ist einerseits ganz sicher ein Zeichen für seine enorme literarische Bedeutung – andererseits aber auch eine Warnung, wenn wir seine Dramen als aktuelle Zeitdiagnosen verstehen: Seine Stücke klären schließlich über Haltungen und Mentalitäten auf, die schon einmal in die Katastrophe geführt haben.

112 Schmidjell (s. Anm. 2), S. 102.

9. Prüfungsaufgaben mit Lösungshinweisen

Aufgabe 1

Charakterisieren Sie die Figuren Marianne, Oskar und Alfred und beurteilen Sie ihre Funktion(en) für Ödön von Horváths Drama *Geschichten aus dem Wiener Wald.*

Lösungshinweise

Wichtig ist bei dieser Aufgabe, erst einmal alle Informationen, die es im Haupt- und Nebentext zu den jeweiligen Figuren gibt, zusammenzutragen. Dabei sollte man gut unterscheiden, ob es sich um explizite oder implizite Informationen handelt, von wem sie jeweils stammen und wie sicher diese Informationen sind bzw. in welcher Hinsicht sie im weiteren Textverlauf bestätigt oder konterkariert werden.

Bei einer genauen Analyse des Textes wird deutlich werden, dass Marianne die einzige Figur ist, die eine gewisse Entwicklung im Drama durchmacht – wenngleich diese Entwicklung sie zu ihrem Ausgangspunkt zurückführt: Anfangs will sie aus den sie beengenden Verhältnissen ausbrechen, nicht den Mann heiraten, der für sie vorgesehen ist, sondern jemanden, den sie wirklich liebt. Dieser Versuch scheitert: Am Ende kehrt Marianne doch zu Oskar, dem von ihrem Vater vorgesehenen Mann, zurück. Sie hat sich freilich deutlich verändert:

Sie ist völlig desillusioniert, geschlagen und muss die herrschenden (klein-)bürgerlichen Verhältnisse hinnehmen.

Oskar und Alfred dagegen sind eher Typen als Individuen, sie repräsentieren jeweils gewisse kleinbürgerliche Einstellungen und Mentalitäten. Auffällig ist bei beiden, dass das, was sie sagen, oft ihre eigentlichen Absichten oder Haltungen verrät. Beide scheinen – unterschiedlich stark – Frauen zu verachten und nur zu ›gebrauchen‹. Oskar entpuppt sich außerdem schon früh als brutal und sadistisch. Gleich drei Mal attackiert er im Stück Marianne: Er beißt sie, quält sie mit Jiu-Jitsu-Griffen und würgt sie. Auch Alfred verletzt Marianne – nicht körperlich, dafür psychisch und sozial: Er will nur Sex mit ihr, das Kind, das aus ihrer Verbindung entsteht, lehnt er ab und will er loswerden. Marianne fällt durch ihn tief: Sie muss sich sogar als Nackttänzerin verdingen, um ihren Lebensunterhalt zu bestreiten.

Alle drei Figuren stehen im Zentrum von Horváths Drama und illustrieren seine Kritik an der oberflächlich betrachtet moralischen, aber in Wirklichkeit entmenschlichten, bösartigen, brutalen kleinbürgerlichen Mentalität.

Aufgabe 2

Erläutern Sie, inwiefern Ödön von Horváth das ›alte‹ Volksstück erneuert hat und warum er sich dazu veranlasst sah.

Lösungshinweise

Horváths Bemühungen, das Volksstück als Gattung neu zu etablieren, begannen noch vor der Entstehung seines Dramas *Geschichten aus dem Wiener Wald*. Schon mit seinem ersten erfolgreichen Stück *Die Bergbahn* wollte er die Fragen, Probleme und Haltungen des Volkes verstehen und offenlegen. Da er erkannt hatte, dass das alte Volksstück, wie es besonders in Wien eine lange Tradition hatte, vor allem »Fassadentheater« war, d. h. nicht wirklich gesellschaftskritisch agierte (obwohl es als Theater des Volkes genau diese Möglichkeit gehabt hätte), sondern eher naiv an der Etablierung von (kleinbürgerlichen) Klischees mitwirkte, machte er ein radikal neues Volksstück, in dem vor allem Kleinbürger im Mittelpunkt standen, zu seinem Ziel.

Dabei gestaltete Horváth zentrale Merkmale des alten Volksstücks um: In den *Geschichten aus dem Wiener Wald* lässt er so seine Figuren statt echten Dialekt einen Bildungsjargon sprechen, durch den hindurch die dialektale Färbung aber noch zu hören ist. Statt die Musik zur Erzeugung von Harmonie und Einverständnis einzusetzen, nutzt er sie zur Irritation. Und statt ein typisches

Volksstück-Happy End zu schaffen, lässt er seine Protagonistin Marianne zwar auch zu ihrem Ausgangspunkt zurückkehren, allerdings erst nachdem sie völlig geschlagen und zerstört ist. Durch den Tod des kleinen Leopold kommt eine weitere tragische Komponente hinzu.

Zwar ergriff Horváth in seinen Stücken für das Kleinbürgertum auch Partei, aber trotzdem kritisierte er radikal dessen Mentalität, wie sie sich besonders nach dem Ersten Weltkrieg entwickelt hatte.

Aufgabe 3

Nehmen Sie kritisch Stellung zu der These, dass Horváths Drama *Geschichten aus dem Wiener Wald* in der Gegenwart häufig gespielt wird, weil es uns auch eine Menge über unsere eigene Zeit zu sagen hat.

Lösungshinweise

Bei dieser Aufgabe muss man zunächst die Kritik, die Horváth in seinem Stück übt, in groben Zügen schildern (siehe die Lösungshinweise zu Aufgabe 1): Hauptsächlich legt sein Drama die Doppelmoral frei, wie sie sich im (klein-)bürgerlichen Milieu zeigt. Nach außen hin geben sich Horváths Figuren moralisch, empathisch und rational und vertreten eine konservative Familienethik. Durch ihre Handlungen und ihre Äußerungen entpuppen sie sich aber als hochgradig egoistisch, unmoralisch, brutal, rassistisch, sexistisch und bösartig. Immer wieder beleidigen sie sich direkt oder hinter vorgehaltener Hand.

Das alles ist gerade in unseren Zeiten nicht unbekannt: Gerade durch das Internet treten vergleichbare Strukturen hervor. Menschen, die sich selbst als bürgerlich bezeichnen und ansonsten (strenge) christliche Werte vertreten, mutieren im Netz zu »Trollen«, d. h. sie verbreiten Hassreden, beleidigen und setzen andere herab. Auch unser politischer Diskurs scheint zu verrohen, und bereits erreichte Entwicklungen – etwa bei der Gleichstellung der Frau – werden in Frage gestellt: Frauenverachtende Positionen sind mittlerweile offenbar ebenso salonfähig wie antisemitische oder rassistische Aussagen. Vielfach wird in unserem heutigen Alltag eine Zunahme von Aggression wahrgenommen, die auch viele Äußerungen in Horváths Stück grundieren. Hinter all dem darf man damals wie heute, im Stück und in der Realität, Angst und Überforderung bei den Bürgern vermuten – aber auch eine allgemeine niedere Natur des Menschen kann dahinter stecken, das »menschliche[] Gebrechen« (Goethe), das dazu führt, sich gegenseitig respektlos zu behandeln und sich nur vom Eigennutz leiten zu lassen. Man muss (und darf) die Parallelen natürlich nicht zu weit treiben: Aber Ödön von Horváths Drama kann auch für heutige Leser/Zuschauer eine Wahrheit freilegen, die in mehrfacher Hinsicht unheimlich ist.

10. Literaturhinweise/Medienempfehlungen

Einzelausgaben

Ödön von Horváth: Geschichten aus dem Wiener Wald. Volksstück in drei Teilen. Hrsg. von Holger Bäuerle. Stuttgart: Reclam, 2019. (Reclam XL. Text und Kontext. 19436.) – *Reformierte Rechtschreibung. Enthält Wort- und Sacherläuterungen sowie Materialien zu Stück und Autor. Nach dieser Ausgabe wird zitiert.*

Ödön von Horváth: Geschichten aus dem Wiener Wald. Volksstück in drei Teilen. Hrsg. von Dieter Wöhrle. Frankfurt a. M.: Suhrkamp, 2001. – *Enthält u. a. zahlreiche Erklärungen zum Text, Erläuterungen zur Entstehungsgeschichte, Anmerkungen zur Sprache Horváths und Deutungsansätze.*

– Geschichten aus dem Wiener Wald. Hrsg. von Traugott Krischke. Frankfurt a. M.: Suhrkamp, 1977. – *Enthält neben der vorletzten Fassung des Stückes auch Peter Handkes Text »Totenstille beim Heurigen«.*

– Sportmärchen, andere Prosa und Verse. In: Gesammelte Werke. Hrsg. von Traugott Krischke und Susanna Foral-Krischke. Bd. 11. Frankfurt a. M.: Suhrkamp, [5]2017. – *Enthält u. a. Horváths »Gebrauchsanweisung«, sein Interview mit Willi Cronauer und seine autobiographischen Texte.*

(Didaktische) Materialien und Interpretationen zu *Geschichten aus dem Wiener Wald*

Buck, Theo: Ödön von Horváth: Geschichten aus dem Wiener Wald. In: Interpretationen. Dramen des 20. Jahrhunderts. Bd. 1. S. 373–398. Stuttgart 1996. (Reclams Universal-Bibliothek. 9460). – *Sehr gute, verständliche Interpretation des Dramas.*

Eisenbeis, Manfred: Lektüreschlüssel. Ödön von Horváth: Geschichten aus dem Wiener Wald. Stuttgart 2010. (Reclams Universal-Bibliothek. 15420). – *Sehr gute Interpretation des Werkes mit einem etwas anderen Schwerpunkt als der vorliegende Lektüreschlüssel.*

Krischke, Traugott (Hrsg.): Materialien zu Ödön von Horváths *Geschichten aus dem Wiener Wald*. Frankfurt a. M. 1972. – *Enthält u. a. Peter Wapnewskis berühmten Aufsatz und weitere instruktive Materialien.*

– Horváths Ges*chichten aus dem Wiener Wald*. Frankfurt a. M. 1983. – *Enthält überaus interessante Aufsätze, die sich z. B. mit dem (kleinbürgerlichen) Mittelstand beschäftigen.*

Preußer, Ulrike: Ödön von Horváth: Geschichten aus dem Wiener Wald. München 2012. – *Sehr genaue und anspruchsvolle Interpretation des Dramas, geeignet v. a. für die Oberstufe.*

Schmidjell, Christine: Erläuterungen und Dokumente. Ödön von Horváth: Geschichten aus dem Wiener Wald. Stuttgart 2009. (Reclams Universal-Bibliothek. 16066). – *Unverzichtbares Hilfsmittel mit ausführlichen und sehr guten Wort- und Sacherklärungen sowie zahl-*

reichen Materialien zur Entstehung und Rezeption des Stücks.

Arbeiten zu Horváths Leben und Werk

Bartsch, Kurt: Ödön von Horváth. Stuttgart/Weimar 2000. – *Ausgezeichnete und sehr ausführliche Darstellung von Horváths Leben in Verbindung mit seinem Werk.*

Fritz, Axel: Ödön von Horváth als Kritiker seiner Zeit. Studien zum Werk in seinem Verhältnis zum politischen, sozialen und kulturellen Zeitgeschehen. München 1973. – *Klassiker der Interpretation von Horváths Werk, immer noch lesenswert.*

Haag, Ingrid: Ödön von Horváth. In: Deutsche Dramatiker des 20. Jahrhunderts. Hrsg. von Alo Allkemper und Norbert Otto Eke. Berlin 2000. S. 303–320. – *Gute Herausarbeitung der dramatischen Technik Horváths.*

Hildebrandt, Dieter: Ödön von Horváth in Selbstzeugnissen und Bilddokumenten. Reinbek bei Hamburg [11]2000. – *Ältere, aber immer noch sehr lesenswerte, kurze Biographie Horváths.*

Kastberger, Klaus (Hrsg.): Ödön von Horváth, unendliche Dummheit – dumme Unendlichkeit. Wien 2001. – *Instruktive Aufsatzsammlung zu Einzelaspekten des Werkes, u. a. zu den Theateraufführungen in Österreich nach 1945.*

Krischke, Traugott. / Prokop, Hans F. (Hrsg.): Ödön von Horváth. Leben und Werk in Dokumenten und Bildern. Frankfurt a. M. 1972. – *Eindrucksvolles Text- und*

Bildmaterial, u.a. auch zu den Uraufführungen der Dramen.

Streitler-Kastberger, Nicole / Vejvar, Martin (Hrsg.): »Ich denke ja gar nichts, ich sage es ja nur« – Ödön von Horváth, Erotik, Ökonomie und Politik. Salzburg 2018. – *Herausragend guter Katalog zu einer hoch interessanten Ausstellung in Wien, der auch zahlreiche Aufsätze zur Aktualität des Werkes von Horváth enthält.*

Verfügbare Verfilmungen

Ödön von Horváth: Geschichten aus dem Wienerwald. Deutschland/Schweiz 1964. Regie: Michael Kehlmann. Mit: Adrienne Gessner, Hertha Martin, Rudolf Vogel, Jane Tilden, Rudolf Rhomberg [u.a.]. – *Fernsehfilm, komplett bei YouTube vorhanden (www.youtube.com/watch?v=nWgMdqQBtQ4).*

Geschichten aus dem Wiener Wald. Deutschland/Österreich 1979. Regie: Maximilian Schell. Drehbuch: Christopher Hampton und Maximilian Schell. Mit: Helmut Qualtinger, André Heller, Birgit Doll, Hanno Pöschl [u.a.]. – *Auf DVD erhältlich.*

11. Zentrale Begriffe und Definitionen

Bildungsjargon: Pseudosprache, mit der sich der Sprecher als gebildeter ausweisen will, als er eigentlich ist. Der Bildungsjargon besteht in der Regel aus Zitaten und Pathosformeln, die durch den Sprecher falsch oder zu häufig verwendet oder missverstanden werden.

➤ S. 30, 41, 71 f., 88 f.

»Demaskierung des Bewusstseins«: Formulierung Horváths, die das Ziel seiner Volksstücke beschreibt: Seine Dramen wollen die verlogene Mentalität (das Bewusstsein) der ➤ Kleinbürger freilegen.

➤ S. 8, 66, 82 f., 96

Dramenmodell nach Gustav Freytag: Das Modell dient dazu, den pyramidalen Aufbau klassischer Dramen zu beschreiben, deren Handlungen nach den folgenden Einheiten strukturiert werden können: Exposition, Ansteigen der Handlung mit erregendem Moment, Höhepunkt und Peripetie, fallende Handlung mit retardierendem Moment, Katastrophe (oder Lösung). Auch wenn Horváth der klassischen Tradition nicht dominant folgt, sein Drama stattdessen aus Bildern besteht und die Handlung im Kreis verläuft, sind Elemente eines klassischen Dramenaufbaus noch vorhanden.

➤ S. 67–69

Figurencharakterisierung: Um Figuren richtig charakterisieren zu können, muss man sich immer fragen: wer spricht in welchem Kontext über wen (und zu wem)? Prinzipiell ist erst einmal zu unterscheiden, ob eine Information auktorial oder figural gegeben wird.

Auktorial	Angaben zu einer Figur, die dieser nicht ›bewusst‹ sind und vom Autor direkt stammen – sie können etwa in den Regieanweisungen gegeben werden. Solche Angaben sind in der Regel sehr verlässlich.
Figural	Aussagen einer Figur über sich selbst (Selbstcharakterisierung) oder über andere Figuren (Fremdcharakterisierung). Diese Angaben sind deutlich weniger verlässlich als auktoriale Angaben, da sie der subjektiven Wahrnehmung derjenigen Figur unterliegen, die die Aussagen trifft.

Manche dieser figuralen und auktorialen Informationen werden direkt im Text gegeben, andere müssen selbst erschlossen werden – so kann noch einmal zwischen einer expliziten und einer impliziten Figurencharakterisierung unterschieden werden:

Explizit	Die Eigenschaften einer Figur werden von dieser oder dem Autor direkt benannt.
Implizit	Durch verschiedene Angaben (etwa zum Verhalten, zum Namen etc.) lassen sich Rückschlüsse auf eine Figur oder Figurengruppen ziehen.

➤ S. 26–29

»Jargon der Uneigentlichkeit«: Formulierung des Schauspielers und Literaturwissenschaftlers Dieter Hildebrandt (in Anspielung auf Theodor W. Adornos »Jargon der Eigentlichkeit«), um das Sprechen der Figuren Horváths, d. h. ihren ➤ Bildungsjargon, zu beschreiben, mit dem der

Verlust einer eigentlichen, direkten, ehrlichen Sprache einhergeht.

➤ S. 90

Kleinbürger: Ursprünglich war der Kleinbürger ein Mitglied der unteren Schicht des Bürgertums und bildete den Gegensatz zum gebildeten und wohlhabenden Großbürger. Bei Horváth steht der Begriff aber auch in Zusammenhang mit einer bestimmten Mentalität, die von Engstirnigkeit, Scheinheiligkeit, Egoismus und verborgener Brutalität geprägt ist.

➤ S. 29, 39, 66, 78, 96 f.

k. u. k.: Abkürzung für »kaiserlich und königlich«; bezeichnete ab 1867 Einrichtungen der Doppelmonarchie Österreich-Ungarn.

➤ S. 53

Nebentext: Als Ergänzung des Haupttextes, der den Sprechtext der Figuren umfasst, gibt der Nebentext weitere Erläuterungen, z. B. auf welche Weise eine Figur ihren Text spricht oder wie der jeweilige Schauplatz aussieht. Auch die Akt- und Szeneneinteilungen in einem Drama (bei Horváth »Bilder«) gehören zum Nebentext sowie der (Unter-)Titel. Die Nebentexte haben die Funktion, einerseits die Inszenierung eines Dramas und anderseits die Lektüre des Dramentextes zu steuern. Der gesamte Nebentext eines Dramas gehört zu den ➤ Paratexten (Peritexten).

➤ S. 14, 26 f., 52

NSDAP: Abkürzung für »Nationalsozialistische Deutsche Arbeiterpartei«, die 1920 gegründet wurde und unter ihrem Vorsitzenden und »Führer« Adolf Hitler 1933 an die

Macht im Deutschen Reich kam. Ihre Ideologie war geprägt von Antisemitismus und Nationalismus und der radikalen Ablehnung von Demokratie und Marxismus.

➤ S. 39, 102 f., 112

Paratext: Begriff Gérard Genettes, der damit das »Beiwerk des Buches« beschreibt, dem eine lektüreleitende Funktion zukommt. Damit meint Genette Texte (im weiteren Sinne), die außerhalb des Haupttextes Einfluss darauf haben, wie wir ein Buch lesen – etwa den Titel und das Cover oder eine Gattungsbezeichnung. Er unterscheidet bei den Paratexten noch einmal zwischen den buchnahen Peritexten (alle »Beitexte«, die zum Buch selbst gehören wie etwa der Klappentext) und den buchfernen Epitexten (etwa Interviews des Autors zu seinem Buch/Drama oder die Verlagswerbung für das Werk). Peritexte sind immer im oder auf dem Buch abgedruckt, während die Epitexte in der Regel zuerst außerhalb des Buches veröffentlicht werden. Später können aber Epitexte durchaus in die Ausgaben eines Haupttextes aufgenommen werden, etwa in den Anhang. Die Unterscheidung zwischen Peri- und Epitexten bleibt trotzdem sinnvoll.

➤ S. 64

Volksstück: ursprünglich eine im 18. und 19. Jahrhundert entwickelte Dramenform, die sich vom höfischen Theater abgrenzte und dem einfachen Volk Unterhaltung bieten sollte. Anfänglich durchaus mit einem gesellschaftskritischen Potenzial versehen, sorgte die Zensur dafür, dass die Stücke inhaltlich verflachten und überwiegend zu reinen Unterhaltungsstücken wurden. Gerade das Wiener Volksstück trug dazu bei, bis heute lebendige Klischees über Österreich zu festigen. Horváth wollte (wie auch andere Schriftsteller) die Tradition des Volksstücks (als Drama *für das* Volk und *des* Volkes) wiederbeleben, aber mit ganz neuen Inhalten und Formen ausstatten. Seine Volksstücke wollen aufrütteln, demaskieren, beunruhigen, irritieren.

➤ S. 65 f., 70 f., 78, 80–83